진주 옛이야기

진주문화를 찾아서 5

진주 옛이야기

안동준 글
정현표 사진

지식산업사

진주문화를 찾아서 편간위원회 위원
(가나다 차례)

고영훈(경상대학교 건축공학과 교수, 홍보이사)
김수엄(대구가톨릭대학교 총장, 회장)
김장하(남성문화재단 이사장, 자문)
김준형(경상대학교 사회교육과 교수)
김중섭(경상대학교 사회학과 교수)
리영달(진주문화사랑모임 회장, 자문)
안동준(경상대학교 국어교육과 교수, 총무이사)
정병훈(경상대학교 철학과 교수, 출판이사)
허권수(경상대학교 한문학과 교수)

진주문화를 찾아서 5
진주 옛이야기

초판 1쇄 발행 2003. 12. 30.
초판 2쇄 발행 2014. 1. 3.

지은이   안동준
찍은이   정현표
펴낸이   김경희
펴낸곳   (주)지식산업사
       주　소 서울시 종로구 통의동 35-18
       전　화 (02)734-1978(대)
       팩　스 (02)720-7900
       인 터 넷 한글문패 지식산업사
              영문문패 www.jisik.co.kr
       전자우편 jsp@jisik.co.kr, jisikco@chollian.net

등록번호 1-363
등록날짜 1969. 5. 8.

ⓒ 안동준 · 정현표, 2003
ISBN 89-423-4822-X 03380
ISBN 89-423-0034-0 (세트)

값 7,000원

이 책을 읽고 문의하고자 하는 이는 지식산업사 전자우편으로 연락 바랍니다.

차 례

진주 지맥을 끊은 무학대사 ····· 7
아기장수 이야기 ····· 12
의적 강목발이 ····· 17
은대들보를 훔친 도둑 ····· 26
한 병사 ····· 35
대사지와 산청 오일봉 ····· 39
갈봉이 보따리 털어먹을 놈 ····· 41
솟을랑재와 남명 선생 ····· 46
월아산과 금호못 ····· 49
아들을 구하지 못한 이인 ····· 52
수정봉과 순천봉 ····· 57
용을 탄 신선 ····· 59
엄마다리 ····· 62
개가한 어머니 찾기 ····· 66
남산 달래고개 ····· 70

용다리에 얽힌 이야기 ····· 72
처녀골 처녀귀신 ····· 75
나막신쟁이날 ····· 79
김덕령이 진주를 지킨 까닭 ····· 82
명의도 못 고친 병을 고친 효자 ····· 84
춤추는 허수아비 ····· 90
개구리바위와 용설터 ····· 93
울고 있는 돌 ····· 96
마고할미 물렛돌 ····· 98
신선바위와 애기당골 ····· 100
가마못 이무기 ····· 103
매구가 된 여자 ····· 107
진주 자리끔쟁이 ····· 110
이야기가 도둑을 쫓은 이야기 ····· 112

진주 지맥을 끊은 무학대사

 조선 초기에 무학대사라는 스님이 있었다. 진주 인근 합천 사람으로서 이성계가 조선을 건국하는 것을 돕고, 또 수도를 개성에서 한양(서울)으로 옮기게 한 분이다. 평소 행동이 괴상하고 아는 것이 많은 사람이었는데, 합천에서는 홀어머니를 모신 지극한 효자였다고 전해진다.

 합천에서 전하는 바에 따르면, 무학대사의 어머니는 종으로 살다가 무학을 낳았다고 한다. 하루는 무학의 어머니가 합천 대병면 어느 산에서 나물을 캐다가 칡넝쿨에 걸려 넘어졌다. 이를 본 무학이 그 칡넝쿨이 길게 자라지 못하도록 하여 그 일대의 칡은 오늘날까지 넝쿨이 길게 뻗지 않는다고 한다. 또 그 일대의 억새풀이 가을이 되어도 새지 않는데, 이

비봉산 전경.

는 밤에 하얗게 보이는 억새가 사람처럼 일렁거려 어머니의 마음을 놀라게 한다 하여 무학이 그렇게 만든 것이라 한다.

이렇게 효성이 지극한 무학대사였건만, 진주에서는 지맥을 끊어 놓은 몹쓸 스님으로 알려져 있다.

봉알자리에 세워져 있는 비석.

고려를 무너뜨리고 나라를 새로 세울 그 무렵 조정의 생각으로는, 서울에서 멀리 떨어진 지방에서 인물이 많이 난다는 것은 역모의 가능성이 있는 걱정거리였다. 특히 진주에는 강씨, 하씨, 정씨로부터 인물이 많이 나왔다. 그래서 이성계는 진주 사정을 잘 아는 무학대사를 시켜 이곳의 지리를 살피게 하였다.

무학대사가 내려와 진주성을 살폈으나 마땅히 어떻게 손을 댈 곳이 없었다. 그런데 진주성에서 대봉산(大鳳山) 쪽을 바라보니 과연 천하의 명당 자리였다. 대봉산은 큰 봉황새가 사는 뫼란 뜻인데 무학대사는 이 산이 있기 때문에 진주에서 인물이 많이 난다고 판단하였다. 이를 어떻게 할까 하고 지맥을 자세히 살펴보니, 산의 기운이 대룡골과 황새등으로 연결되어 있었다. 이에 대사는 대룡골과 황새등을 잇는 지맥을 끊고, 내친 김에 산의 이름도 비봉산(飛鳳山)으로 고쳐 부르게 하였다. 봉황새가 날아가 버려 정기가 빠진 산이란 뜻으로 그렇게 고쳤던 것이다.

그리하여도 무학대사는 안심이 되지 않았다. 비봉산 밑에 봉이 산다는 서봉지(棲鳳池)란 못이 있었는데, 그 못도 가마못이라고 이름을 바꾸었다. 가마는 가마솥의 준말이다. 곧 가마솥처럼 펄펄 끓는 뜨거운 못에 봉을 삶는다고 이름을 붙여 놓아 봉황새가 이쪽 산에 얼씬거리지 못하도록 하고 비로소 한시름을 놓았다.

다시 동쪽을 살피니 또 하나의 걱정거리가 있었다. 비봉루 옆자리에 향교가 엄숙하게 자리 잡고 있어 무학대사의 마음이 무거웠다.

"어떻게 이런 조그만 산을 둘러싸고 좋은 자리가 이토록 많을까? 나라에서 뛰어난 인재가 많이 나와 장차 새로 만든 조선을 뒤엎을 역적질할 사람이 나올 땅이라 걱정하더니 와서 보니 정말 그만한 땅이로구나!"

무학대사는 향교조차 옥봉동으로 옮기도록 하였다.

다시 남쪽을 살피는데, 남강 새벼리 고개 밑 석용골에 돌산이 튀어나와 마치 용이 꿈틀거리는 모습을 하고 있었다. 무학은 더욱 놀라 신음을 하였다.

"으음, 참말로 말 못할 땅이로구나! 이렇게도 골짝마다 웬 명당자리가 있다니……."

급히 사람을 시켜 돌로 된 용을 파괴하였는데, 떨어져 나오는 돌조각 하나하나가 모두 용비늘 같았으며, 그 돌이 떨어져 나올 적마다 주위에 붉은 피가 흘렀다. 그 핏줄기는 남강에 흘러들어 멀리 의령까지 내려갔다.

나라에서 무학대사란 큰 풍수를 보내어 진주의 지맥을 끊어놓자, 강씨 집안에서는 큰 걱정이 생겼다. 나라에서 하는 일을 나서서 막지도 못하고, 그렇다고 마냥 앉아서 두고 볼 수만도 없었다. 그래서 강씨 집안에서 봉황새를 다시 불러올 수단으로 봉의 알자리를 만들었다. 봉의 알자리를 만들면 날아갔던 봉이 제 알자리가 있으니까 그 자리로 다시 내려올 것이라는 생각에서 만들었던 것이다.

전하는 다른 이야기로는, 진주 강씨 집안에서는 뛰어난 인물이 많이 나고 대봉산 밑에 웅거하여 권세를 부리니, 세상 사람들은 대봉산 위에 봉암(鳳岩)이 있기 때문이라고 생각하였다. 이에 조정에서 몰래 사람을 보내어 봉암을 깨어 없애고는 봉은 이미 날아가 버렸다고 하였다. 그래서 강씨 집안에서 날아간 봉을 다시 불러오려고 지금의 위치에 봉알자리를 만들었다고 한다.

대룡골(왼쪽),
가마못(가운데),
비봉산(오른쪽).

봉암은 비봉산에 있는 새 모양의 바위를 이른다. 고려 때 이지원이라는 사람이 진주 강씨의 세도를 시기하여 바위를 부수니 그 바위 속에서 흰돌들이 나왔다고 하였다. 그 흰돌은 큰 바가지와 같은 것이 네 개였는데 모두 피를 흘렸다고 전한다.

지금 비봉산을 마주보는 상봉서동 주택가 평지에는 흙으로 쌓아올려 산과 같이 되어 있고, 그 복판이 패여서 마치 새가 알을 낳는 자리처럼 되어 있는 것이 봉알자리이다. 사실은 그 봉알자리는 가야시대 고분인 것으로 전한다. 예전에는 이 근처에 민가도 없고, 주위에 풀이 우거져 경치가 아름다웠다고 한다.

아기장수 이야기

　예전에 지금의 대평면 대평마을 땅골에 진양 정씨가 살았다. 정씨가 그곳에서 아들을 낳았는데, 갓 태어난 아기가 칠일째 되던 날 갑자기 온데간데 없이 사라졌다. 온 가족들이 놀라서 아기를 찾았으나 찾을 수가 없었다. 가족들은 허탈하고 기진맥진하여 방바닥에 드러누워 있는데 그때 그토록 찾던 아기가 머리 위 천장에 매달려 있는 것이 아닌가.
　이 사실이 입에서 입으로 전해져 마침내 조정에까지 알려지게 되었다. 조정에서는 이 소문을 듣고 생후 겨우 칠일밖에 안 되는 아기가 천장에 거꾸로 매달려 있다는 것은 괴이한 일로서 장차 큰 장군이 되면 나라에 대역(大逆)할 것이라고 생각하여 마침내 갓난 아기를 다듬잇돌로 눌려 죽이게 하였다.
　그러자 건너편 산에서 용이 나타나 뇌성벽력을 일으키고 크게 울부짖으며 하늘로 올라갔다. 이때부터 그 산을 용머리산이라 불렀다고 한다.

　이와 비슷한 이야기가 반성면에서도 전해진다. 진주 시내에서 반성수목원 방면 2번 국도를 따라 일반성면 운천리에 가면 용두산이 있고, 그 산 아래 용시들이란 들판이 있다. 용시들은 본래 용소(龍沼)라는 늪이 있어서 '용소들' 또는 '용수들' 이라고도 부른다. 이 들판에는 다음과 같은 이야기가 전해 오고 있다.

지금으로부터 수백년 전, 이반성에 살림이 넉넉하고 농사도 많은 어느 집에서 아들 하나를 낳았다. 그 아들이 자라서 열두 살이 되었을 때, 농사철이 되자 모꾼을 모아 모를 심는데 혼자서 모 시중을 다하였다.

일반성면 운천리 용시들.

그날도 그 아이는 무논에서 이십여 명이나 되는 모꾼들에게 모 시중을 하고 있었다. 그런데 이상하게도 그 아이의 버선은 물에 젖지 않았다. 전에는 이 놀라운 사실을 아무도 몰랐는데, 그날 모내기를 하면서 동네 사람들에게 비로소 알려지게 되었다.

동네 사람들은 저 아이가 장차 큰 인물이 될 것이라고 굳게 믿었고, 자연히 이러한 소문은 널리 퍼져 나갔다.

그러나 이 소문이 대궐에까지 알려지면 큰일이었다. 옛날에는 평민 집안에서 큰 인물이 나면 역적이 된다고 하였다. 어릴 때 그 아이를 죽여야 했고, 그러한 사실은 반드시 나라에 알려야 했다. 나라에 알리지 않으면 같은 역적이라고 삼족(三族)을 멸하는 벌을 받았다.

"이거 큰일 났다."
그 아이의 부모는 걱정이 태산 같았다.
"나라에서 알몬 우리 집구석 솔랑 다 망한다."

그래서 아들을 죽이기로 하였다. 그러나 칼과 낫이나 작두 따위로 아들을 죽이려고 아무리 애를 써도 도무지 죽일 수가 없었다.

어느 날 밤에는 잠든 아들을 도끼로 내리쳤다. 그래도 죽지 않았다. 이 지경에 이르자 아들은 만사를 체념하고 자기를 죽일 딱 한 가지 방법을 아버지에게 일러 주었다.

"아부지, 날로 쥑일라 쿠며는, 꼭 쥑일라 쿠며는 통시에 그 묵은 제릎대를 빼와 가지고 따듬어 가 내 폴 밑에 여따가 찌르면 내가 죽을 낍니더."

말을 마치면서 팔을 드는데, 겨드랑이 밑에 날개가 달려 있었다.

아버지는 아들이 시킨 대로 통시, 곧 변소로 가서 변소 지붕 밑에 있는 해묵은 제릎대(삼대)를 빼내어 가지고 와서는 아들의 겨드랑이 밑을 찔렀더니 곧 죽고 말았다.

그러자 건너편 용마산에서 용마가 나타나 들판을 가로질러 달려왔다. 그리고 사흘 동안 밤낮으로 들판 주위를 맴돌면서 울었다. 울다가 사흘만에 들 가운데 있는 늪에 빠져 죽었다.

그 뒤로부터 용마가 빠져 죽은 늪이라 하여 그 늪을 '용소'라 하고 그 들판을 용소들 또는 용시들이라고 부르게 되었다.

오늘날 이반성면에는 해주 정씨가 집단으로 사는 용암마을이 있고, 그 뒤편에 용처럼 생긴 산이 있다. 지금은 이 산을 영봉산이라고 부르나, 옛날에는 용마산이라고 했다.

이반성면에 용시들 아기장수 이야기가 있다면, 대곡면에서는 '웃도리' 이야기가 다음과 같이 전해지고 있다.

살림이 가난한 어느 집안에 아기가 태어났는데, 이게 병신이었다. 아랫도리는 없고 윗도리만 있었다. 그래도 목숨이 붙어 있으니 할 수 없이 '웃도리'라 이름을 짓고 키웠다.

웃도리의 아버지는 엿장사를 하고, 어머니는 남의 집에 품을 팔러 다니면서 생계를 꾸려 나갔다. 그런데 다른 사람이 꺼내 먹지 못 하도록 높은 선반 위에 얹어 놓은 엿판의 엿이 하루 이틀도 아니고 날마다 눈에 띄게 줄어들었다. 일을 마치고 집에 들어 온 웃도리 부모는 아랫도리가 없는 웃도리의 짓일 리는 없고, 이건 분명 엿도둑이 들었던 것으로 믿었다. 그래서 웃도리 부모는 도둑을 잡을 꾀를 내었다. 날마다 밖으로 일하러 나가는 척하고는 살그머니 돌아와 집안을 엿봤다.

그런데 뜻밖에 웃도리란 놈이 데굴데굴 몸을 굴러서 집 앞에 있는 도랑으로 가더니 가재를 한 마리 잡아 다시 굴러서 방안으로 들어갔다. 그러더니 가재에 실을 매어 누워서 엿판 위로 던져 넣고는 가재가 집게발로 엿을 물자 실을 당겨서 가재가 물고 있는 엿을 빼앗아 먹는 것이 아닌가.

이를 보고 기가 막힌 부모는 그대로 방에 들어가 호통을 쳤다.

"야, 이 화적 겉은 놈아! 그래 오데 할 짓이 없어 도둑질하는 것부터 배웠노?"

그러자 엿을 먹다 들킨 아이는 모든 것을 체념한 듯 한숨을 쉬면서 말했다.

"이제 고마 모든 기 틀렸십니다. 쪼꼼만 더 늦게 알았으몬 크게 성공할 수 있을 낀데……."

부모가 영문을 몰라 멀뚱하게 쳐다보고 있자, 아이는 다짐을 하듯 부탁하였다.

"지는 아무 날 아무 시에 죽을 낍니더. 지가 죽고 나거든 무덤에 조와 팥 몇 말과 종이 몇 근을 넣어 주시고 누가 묻더라도 절대로 무덤을 가르쳐 주몬 안 됩니더."

과연 윗도리만 있는 병신 아들은 그가 말한 날짜에 죽었다. 부모는 아들의 말이 하도 신기하여 시킨 대로 조·팥·종이를 구해 함께 묻어 주었다.

그런 지 얼마 안 되어 군졸들이 떼를 지어 웃도리 집에 들이닥쳤다.

"웃도리란 놈, 어디 있느냐?"

혼비백산한 부모는 처음에는 그런 아이가 없다고 딱 잡아떼고 버티었다. 그러나 군졸들이 워낙 죽일 듯이 설치는 바람에 그만 겁에 질려 무덤을 가르쳐 주고 말았다. 그러자 군졸들은 우르르 몰려가 무덤을 파헤치고 그 속을 들여다보고는 모두 입이 딱 벌어졌다. 종이는 군대 깃발이 되고, 조는 군졸로, 팥은 말로 변하고 있었던 것이다. 그러나 변해가는 그 순간 너무 일찍 무덤을 팠기 때문에 모두 연기처럼 사라지고 말았다.

의적 강목발이

구한말 고종 무렵의 이야기이다. 진주시 대곡면 설매리 설매실에, 목발을 짚고 삼간집을 뛰어 넘었다는 강목발이라 하는 사람이 있었다. 그 강목발이가 도둑이 된 데 대해서는 다음과 같은 일화가 있다.

그가 태어나기 직전, 한밤중 자시(子時) 무렵에 어떤 스님이 찾아와 사립문 밖에서 물었다.

"대인을 낳았소? 안 낳았소?"

"안죽 멀었소."

스님은 조금 있다가 마당에 들어와서는 또 물었다.

"언나 낳았소?"

"안죽 안 낳았소."

산모가 누운 방 안에서는 밖에서 누가 와서 묻는지도 모르고 대답하였다.

얼마 안 되어 축시(丑時)가 가까워 질 무렵, 다시 그 스님은 와서 또 물었다.

"그 놈 낳았소?"

세 번째 와서 물어도 안 낳았다고 하였다.

말티 고개.

"에이."

스님은 마침내 혀를 끌끌 차면서 가버렸다.

그 이상한 스님이 떠나가고 난 뒤 얼마 안 되어 기다리던 아기가 태어났다. 자시에 태어날 인물이 축시에 태어나 도둑이 되었다는 것이다.

강목발이가 클 때는 아버지는 돌아가 없었고 아버지 아우인 숙부 밑에서 글을 배웠다. 머리는 영리하였지만 글공부는 게을리하였다. 숙부가 글을 가르쳐 주는 것은 귓전으로 흘려 들으며 쉬는 시간만 기다리고 있다가는 나가서 놀았다. 숙부가 기가 차서 그 노는 모양을 살펴보니 장난을 해도 꼭 도둑질 놀이만 했다.

아무리 글을 가르쳐도, 글은 강목발이 마음에 없었다. 한번은 강목발이가 들어온 것을 보고 엽전을 방바닥에 던져놓고 말했다.

단목마을 하백림 생가.
ⓒ 안동준, 2003.

"니 이거 나 모르게 가 가졌나?"

"가 가라쿠몬 가 가지요."

목발이는 잠깐 밖으로 나갔다가는 다시 들어왔다.

"작은 아부지, 가 갑니더."

그 말을 하는 사이에 방바닥의 엽전이 감쪽같이 사라져 버렸다.

발바닥에다가 보리밥알을 이겨 붙이고 발꿈치를 들고 들어

와서는 숙부가 한눈을 판 사이에 발바닥에 붙여 나갔던 것이다.

목발이가 남의 눈을 속이는 나쁜 짓을 한다고 주위 사람들이 말하여도 믿지 않았던 숙부는 그게 사실임이 눈앞에 드러나자 홧김에 목침으로 조카의 발목을 내리쳤다. 강목발이는 이때 발목을 다쳐 목발을 짚고 절룩거리며 다니게 됐던 것이다.

목발이가 외다리가 된 데는 다른 이야기도 있다. 본래 집이 대곡에 있지만 목발이는 말티고개를 넘어가 진주 고을에서 살다시피 하였다. 기생집을 드나든 그는 돈도 잘 썼으며 술도 말술이었는데, 노래와 춤도 일품이어서 주위 사람들에게 인기를 끌었다.

단목마을 하백림 생가.
ⓒ 안동준, 2003.

하루는 어느 부잣집을 털어서 말티고개로 넘어오는데, 한 불쌍한 산모가 고개 등성이에서 몸을 풀고 있었다. 의협심이 강한 그는 그날 밤 털은 돈과 패물을 그 산모에게 죄다 주어 버렸다.

그뒤 도둑맞은 부잣집의 소문이 진주 저잣거리에 널리 알려지게 될 즈음에, 한푼 없는 어떤 여인이 갑자기 돈을 물 쓰듯이 쓰고 다닌다는 소문이 나돌았다. 진주 관아에서 뒤를 캐보니 다름 아닌 강목발이의 소행임이 드러났다.

관아에서는 곧바로 그를 붙잡아서 자백까지 받아냈다. 그러나 어려운 임산부를 도와준 정상을 참작하여 오른쪽 다리만 자르고 방면하였다. 이때부터 강목발이가 목발을 짚고 다녔다고 한다.

목발이는 자라면서 진주를 자주 드나들었는데, 그 길목인 단목리 단목 마을에는 꽤 부자로 알려진 하백립이란 사람이 살고 있었다. '백립(白笠)'이란 이름은 고종 임금이 죽은 그 해에 국상(國喪)을 치르기 위해 뜻 있는 선비들이 검은 갓 대신에 하얀 갓을 쓴 데서 말미암는데, 일제에 대한 저항의 뜻도 있었다. 하백립은 대구 감영까지 끌려갔다 돌아올 만큼 백립을 끝까지 고집하여 아예 별호인

대곡면 단목마을.
ⓒ 안동준, 2003.

'백립'이 이름을 대신하게 되었다.

고종이 살아 있었을 당시, 그러니까 하 부자가 하백립이라 불리워지기 전에 목발이는 진주를 오가며 종종 이 부잣집을 털었는데, 귀신같이 자취를 남기지 않는 목발이가 덜미를 잡힐 일이 없었다. 하 부자는 목발이의 소행인 줄 뻔히 알면서도 증거가 없으니 어찌해 볼 도리가 없었다.

그러나 도둑이 드는 날이 하루 이틀도 아니었다. 마침내 어느 날 하백립은 힘이 장사로 알려진 하인 상쇠에게 명령을 내렸다.

"그놈 잡아 오이라."

목발이는 하 부잣집에서 잡으러 왔는데도 전혀 반항하지 않고 순순히 잡혀갔다. 그는 심한 꾸중을 듣고는 뉘우치는 듯 공손히 말하였다.

"뒤는 안 그러겠습니더."

하지만 얼마 뒤 또 도둑질을 하기 시작했고 자주 붙잡혀 갔다.

그러자 이제 하인들도 강목발이를 잡으러 가는 것이 그만 귀찮아졌다.

하루는 강목발이를 잡아 온 하인 상쇠가 드디어 참지 못하고 집안에 있는 맷돌을 치켜들고 말했다.

"샌님, 이눔, 귀찮아서 마 쥑이 뻘랍니더."

말을 끝내자 바로 목발이에게 맷돌로 내리쳤다. 그때 곁에 있던 하 부자가 숨넘어가는 소리를 질렀다.

"어."

맷돌을 내리치는 순간, 목발이의 모습이 그 자리에 사라지고 어느새 건너편 밤나무 위에 올라 서 있는 것이 아닌가.

모두가 어리둥절한 틈을 타서 목발이는 한마디를 남기고 바람처럼 사라졌다.

"강목발이 제 길로 가요."

강목발이가 말티고개를 넘어 다닐 때 누님으로 모시는 여자가 있었다.

당시 말티고개는 소나 말을 쇠장에 팔고 돌아가다가 정자 나무 밑에서 쉬었다가 넘는 고개였다. 예전부터 술집이 많았 고, 소 판 돈을 노리는 초저녁 강도도 많았다.

강목발이의 의누이는 이 말티고개에 주막집을 차려 놓고 술을 팔았는데, 목발이는 말티고개를 넘나들 때마다 '누님, 누님' 하면서 공짜술을 얻어 마셨다.

그러던 어느 날, 어느 고을에서 어떤 사람이 큰 가마솥을 잃어 버렸는데, 진주 장터에 가서 보니까 그 가마솥이 나와 있었다.

"오이서 났노?"

"목발이한테서 샀다."

그리하여 강목발이는 진주 원님에게 고발당했다. 원님이 재판을 하면서 심문을 하다가 죄인을 내려다보니까 다리 불구자였다. 세상에 목발을 짚고 다니는 사람이 저런 가마솥을 가져 갈 리는 만무하다고 생각해 풀어주었다. 그러자 강목발이는,

"그러면 그렇지."

하고는 한 손으로 그 가마솥을 덜렁 들었다. 뜻밖에 현장에서 결정적인 증거를 잡은 원님은 당장에 그를 체포하고 그의 목을 베었다.

강목발이의 최후에 대해서는 다른 이야기도 있다.

강목발이란 의적의 신화가 영·호남 일대에 널리 퍼져갈 때, 진주 인근에서 살 만하다고 소문난 집들은 모두 도둑을 맞았고, 대신에 가난한 집에는 쌀이며 돈이 쌓였다. 관아에서 피해자를 불러 조사를 해보면 한결같이 외다리의 소행이라

고 진술하였다. 관아에서는 그 도둑이 강목발이라는 것을 미루어 알고 있었지만 구체적인 물증은 잡을 수가 없었다. 강목발이는 사건이 터질 때마다 목발을 짚은 채 절뚝거리며 관아에 잡혀와 한 마디 말도 없이 묵묵히 옥살이를 하곤 하였다. 결국 증거가 드러나지 않아 언제나 다시 풀려났다.

하루는 꾀가 많은 형리(刑吏)가 강목발이에게 슬쩍 말을 흘렸다.

"번번이 붙들어서 옥살이 시키는 우리도 이제 마 귀찮다. 그러께네 밥 한 그릇 묵을 동안 진주성을 세 바퀴만 돌아 주면, 모든 허물을 벗겨주마."

강목발이는 귀가 솔깃하여 그렇게 하겠다고 약속하였다. 그리고 옥에서 풀려나자마자 외다리로 축지술을 써서 눈 깜짝할 사이에 진주성을 세 바퀴나 돌아버렸다.

일이 이렇게 되자 의적의 정체가 목발이로 판명되고 진주 관아 형장〔지금의 진주문화방송국 자리〕뜰에서 사형을 당하게 되었다.

목발이가 사형 당한다는 소문이 널리 알려졌으며, 사형이 집행되던 날 그 일대는 의적의 최후를 보려는 사람들의 물결이 밀려들었다. 그들은 강목발이의 은혜를 입은 가난한 사람들이 대부분이었다.

대곡면 설매실.
ⓒ 안동준, 2003.

사형을 집행할 시간이 되고, 마침내 망나니의 칼이 목발이의 목을 베었다. 그런데 이상하게도 목발이의 목에 피만 흐를 뿐 숨은 끊어지지 않았다. 놀란 것은 형을 집행하는 사람들이었다. 질겁을 한 형 집행관이 목발이를 향해 말하였다.

"니 소원이 대체 뭐꼬?"

목발이가 대답하였다.

"탐관오리에 시달리는 백성을 못 다 도우고 차마 죽을 수 없다!"

그러자 형 집행관이 말했다.

"과연, 천하에 둘도 없는 의적이로다."

이 말을 듣고 강목발이는 숨을 거두었다.

강목발이의 의누이는 목발이가 사형을 당해 죽었다는 소문을 그날 바로 들었다. 그날 저녁 강목발이는 말티고개로 의누이를 찾아가서,

"누우, 누우, 내 술 한 잔 주소."

라고 소리쳤다.

목발이의 목소리를 미처 알아듣지 못 한 의누이는 누가 술 한 잔 달라는 줄 알고 귀찮아서 나가보지 않고 대꾸했다.

"거기 술, 거, 단지 술 안 있나? 묵고 가라모."

"술, 내 다 묵고 가요. 진주 원님, 이, 요놈의 자슥 쎄리 직이뻐리고 간다."

의누이가 그 이튿날 아침에 일어나 보니 술단지의 술이 비여 있었다. 나중에 그 목소리를 생각해보니 목발이었다. 이 일이 있은 지 얼마 뒤 진주 원님이 피를 토하고 죽었다는 소문이 들렸다.

진주 원님이 죽자 행장을 차려서 원님의 고향인 산청에 상

여를 나가는데, 이상하게도 파랑새 한 마리가 상여 위로 날아 다녔다. 고향 마을에는 그 원님의 아버지가 생존해 있었다. 원님 아버지는 회초리를 가지고 나와 막 도착한 아들의 상여를 때리며 꾸짖었다.

"그런 대인을 니가 죽였느냐?"

그러자 그 새가 멀리 날아갔다고 하는 전설도 있다.

은대들보를 훔친 도둑

진주 시내에서 산청 방면으로 가면 원지가 나오고, 다시 단계로 가는 국도를 따라 3km쯤 가면 만두주유소가 나온다. 그 주유소 부근에 야트막한 고개 하나가 있다. 여기서는 도술이 뛰어난 한 도인이 나라님의 은기둥을 훔쳐 와 이 고개 마루에 앉아서 물고기 비늘처럼 얇게 썰어 조금씩 내다 팔았다는 이야기가 전해진다. 이러한 전설 때문에 지금도 이 고개를 '비늘이 고개' 또는 '비느리 고개'라고 부른다.

못으로 변한 문가학의 집터.

그 도인의 이름은 문가학 또는 문과일이라고 한다. 그가 살던 집터는 진주에서 산청군 신등면 단계 방향으로 가는 도중에 자리잡은 소이리, 또는 소우실이라는 마을에 있다. 일설에는 신안면 선유동 계곡에 있는 절에서 문가학이 도술을 배워 중국에 조공으로 보내는 금덩이를 몰래 다시 가져왔기 때문에 역적이 되었다고 전한다. 다음은 진주에서 전해지는 문가학 이야기이다.

문가학이 젊은 나이에 둔철산 동편 용대기 먼당에 있는 용

방사에서 공부하고 있었다.

어느 해 정월 초하루가 가까워지자 스님들이 모두 절을 비우고 다른 곳으로 몸을 피하였다. 이상하게 여긴 문가학이 한 스님을 붙들고 그 이유를 물어보니, 섣달 그믐날 밤만 되면 요사스런 괴물이 나타나서 나이가 어리고 얼굴이 고운 스님 하나를 골라서 잡아간다는 것이었다. 이 말을 들은 문가학은 스님에게 오늘 밤 절은 내 혼자 지킬 터이니 등촉을 밝히고 술 한 동이와 안주거리를 준비하여 자신의 책상 밑에 놓아두라고 일렀다.

스님들이 모두 떠나자 절간은 쥐 죽은 듯이 조용했다. 밤이 깊어지자 과연 흰옷을 입은 한 처녀가 나타났다. 처녀는 창 밖에서 방안을 기웃거리다가 문가학이 있는 방의 문고리를 잡고 흔들었다.

문가학은 속으로 '옳다, 바로 그 요물이구나' 라고 생각하고 방문을 열어주었다. 밝은 촛불 아래 그 처녀를 앉혀 놓고 보니 정말 빼어난 미인이었다. 문가학은 처녀의 손을 잡아 끌면서 은근히 말하였다.

"이 깊은 산중에 아름다운 귀인을 만났시니 와 술이 없겠노. 내 마침 좋은 술이 있으니 같이 마시자."

그는 술 동이를 꺼내어 처녀와 마주 앉아 술을 마시기 시작하였다. 술잔을 주고받고 하다보니 어느새 밤은 깊어 술 단지도 바닥이 드러났다.

취한 처녀는 그만 긴장이 풀려 살짝 잠이 들었는데, 문가학이 웃목에 엎드려 자는 처녀를 살펴보니 치마 밑에 꼬리가 살짝 나와 있었다. 천년 묵은 백여우가 틀림없었다.

'이때다' 라고 여긴 문가학은 시렁 위에 있는 망태줄을 살그머니 내려서 손에 쥐고는 변신한 여우의 손발을 불끈 동여매었다. 한지로 여러 벌 꼬아 만든 그 망태줄은 여우가 아무리 발버둥을 처도 쉽사리 끊어지지 않는 것이었다. 그런 다음에 여우를 깨웠다.

"살리 주이소."

"안 된다. 니가 까불고 그러면 내가 용서 몬한다."

"날로 살리 주몬 내가 선물로 드릴 낀께 날로 제발 살리 주이소."

"무신 선물고?"

"내 보물 책을 한 권 드리지예."

정체가 드러난 여우는 울며불며 애걸하였다. 자기를 살려 주기만 하면 모든 일을 마음대로 할 수 있는 둔갑 책을 주겠다고 사정하였다.

그래서 문가학은 기다란 끈으로 여우 허리를 고쳐 매고 그 끝을 잡고 여우를 따라 나섰다. 여우는 능선 위 바위 동굴로 들어가더니 푸른 책 한권을 입에 물고 내려왔다. 책을 받아서 펼쳐보니 과연 둔갑술을 적은 것이었다.

문가학은 약속한 대로 여우를 풀어주고 방에 돌아와 읽어보니 오묘한 비법이 무궁무진하였다. 책에 몰두하여 시간이 가는 줄 모르고 있었는데, 산 아래에서 자기 집 하녀가 달려와서 찾았다.

"서방님, 큰일 났입니더."

"시방 그 뭐라 쿠노?"

"마님이 다 죽어갑니더."

문가학은 마음이 급했지만 읽고 있던 둔갑 책을 버려두고 내려갈 수 없었다. 몇 장밖에 남지 않아 내친 김에 끝까지 다

읽고 빨리 내려가려고 작정하였다. 마지막 한 장이 남았을 때였다. 방금 전에 집으로 돌아갔던 하녀가 다시 뛰어와 울먹이며 말했다.

"고마 별세했심더."

자기 어머니가 죽었다는 기별이었다. 그 소리를 듣고도 안 가볼 수는 없었다. 문가학은 마지막 한 장이 남은 둔갑 책을 덮어 놓고 급히 산을 내려갔다.

그러나 막상 집에 가보니 죽었다는 어머니가 반겨하였다.

'아뿔싸, 고년에게 속았다.'

급히 절로 돌아와 읽다만 책을 찾아 보니 마지막 한장이 뜯겨나간 흔적이 남아 있었다. 미처 읽지 못한 마지막 한 장을 하녀로 변신한 여우가 다시 와서 떼어 간 것이었다.

문가학은 여우의 꼬임에 빠져 마지막 한 장은 못 읽었지만, 그 책에 쓰인 대로 도술을 부려보니 과연 뜻대로 되었다. 그러나 몸을 감출 수 있는 장신술(藏身術) 비법이 적힌 마지막 한 장을 여우가 찢어 갔던 탓에 둔갑술을 하여도 몸에 달린 옷고름만은 끝내 감출 수가 없었다.

여우굴 입구.

문가학은 그 뒤에 과거에 급제하여 벼슬길에 올랐다. 그러나 둔갑하는 재주를 버리지 못해 날아 다니는 새로 변신하여 궁중에 들어갔다.

임금이 하루 저녁 꿈을 꾸고 자는데, 누가 밤중에 대궐 안에 들어와서 부르는 소리가 들렸다.

"나는 하늘의 옥황상제이다. 집을 짓고 있는 중인데 들보가 모자라니 은으로 만든 들보를 마련해서 올리도록 하여라."

임금이 자다가 밖을 내다보니 눈앞에서 학 한 마리가 날아갔다. 이상하다고 생각하였지만, 아무 날 아무 시까지 시일을 정해 놓았으니 옥황상제의 말을 듣지 않을 수도 없었다.

다음날 일찍 조정에 여러 정승들을 불러모았다.

"국가에 이런 괴이한 일이 일어났는데 대체 어떻게 했으면 좋겠소? 은 들보를 마련해 올려야 되겠소? 안 해야 되겠소?"

대신들은 모두 한결같이 대답하였다.

"나중에 어찌 되더라도 준비는 해야 안 되겠습니까? 하도록 하시지요."

그러나 사안이 중대한 탓에 두 차례나 회의를 더 하였다. 두 번째 회의를 하는데도 늙은 대신 하나가 계속 침묵하고 있었다.

"대감의 생각으론 이번 일을 어떻게 처리하는 것이 옳겠소?"

임금은 그 대신을 지켜보다가 답답한 마음에 물어보았다. 그 대신은 한참 생각하다가 대답하였다.

"이것은 하늘의 옥황상제 일이 아닙니다. 절대로 있을 수 있는 일이 아닌 줄로 아옵니다. 분명 사람이 한 일이옵니다."

"왜 그렇게 단정하시오?"

그 대신은 잘라 말하였다.

"옛부터 전해오는 여러 책을 보아도 천상의 옥황상제가 인간한테 폐 끼친 일은 없사옵니다."

들고 보니 그 말에 일리가 있었다. 옥황상제가 무엇이 부족하겠으며, 또한 전에는 가만히 있다가 지금에 와서 인간 세상에 어떤 것을 요구한다고 하는 것도 사리에 맞지 않았다.

"사람 조화임이 분명하옵니다. 그러나 준비는 해 놓고 기다려 보는 것이 좋을 줄 아옵니다."

"기다려 보면 뭐 뾰쪽한 수가 있겠소?"

"혹시 단서를 찾을 수 있을지도 모르겠사옵니다."

정해진 어느 날 대신들은 모두 남산 위에 천막을 쳐 놓고 무언가를 기다렸다. 그런데 그 늙은 대신은 진하게 갈아 놓은 먹물을 대야에 풀어 가라앉혔다. 대야 바닥에 검은 먹물이 가라앉으니 먹물 위는 반사되어 거울처럼 맑았다. 늙은 대신은 준비를 마치고 약속한 시간을 기다렸다.

때가 되자 학이 한 마리 날아와 은기둥을 물고 하늘로 올라갔다. 늙은 대신이 옆에 있는 젊은 사람을 보고 물었다.

"너는 보이느냐?"

"보입니다. 아슬아슬 합니다."

노인은 다시 대야를 들여다 보면서 가만히 앉아 있었다.

"뵙니까?"

"나도 좀 아슬아슬 하다마는 아직까지는 보인다."

이윽고 차 한잔 마실 시간이 지난 뒤 젊은 사람이 말했다.

"이제는 안 보입니다."

"어르신은 보이는지요?"

"음, 조금 보인다마는. 너는 그렇게나 안 보이느냐?"

한참 동안 침묵이 흐른 뒤 늙은 대신이 혼자 고개를 끄덕끄덕하더니 입맛을 따악따악 다셨다.

"어떻게 되었습니까? 어떻게 되었는지요? 하늘 위로 올라 갔습니까?"

"하늘로 안 올라 가고 이 남쪽으로 내려 갔다. 분명 사람의 조화이다."

옥황상제가 은 들보를 요구하지 않았다는 사실이 드러나자 나라에서는 남쪽으로 군사를 풀었다.

"은 파는 놈만 잡아라!"

그러나 은기둥을 훔쳐간 그 도둑을 잡으려고 나라에서 애를 썼지만 도무지 잡히지 않았다. 문가학은 꾀꼬리로 변신하여 버드나무에 올라 앉아 자기를 잡으려고 의논하는 소리를 죄다 듣고 있었던 것이다.

그러나 그 일은 얼마 뒤에 발각되고 말았다. 대궐에서 회의를 하고 있을 때, 가만히 앉아 있던 늙은 대신이 갑자기 밖을 가리키며 말했다.

여우굴에서 글을 읽는 지리산 도인.

"지금 우리가 의논하는 것을 저 꾀꼬리가 다 듣고 있소."

대신들이 고개를 들고 꾀꼬리를 쳐다보니 이상하게도 사람의 옷고름이 가슴 아래 매달려 살랑살랑 거리고 있었다. 사람들에게 들킨 꾀꼬리는 푸드득 하늘로 날아갔다.

"그러면, 그 놈을 잡는 일이 문제요. 어떻게 하면 잡을 수 있겠소?"

"좋은 수가 있소. 무사들을 뽑아서 한 오십 명만 넘겨주시오. 내가 잡아보겠소."

늙은 대신의 청에 따라 무사를 뽑는 시험이 실시되었으며, 젊은 장정들 가운데 팔 힘이 엄청 좋은 사람들만 뽑혔다.

새로 뽑힌 무사들에게 활 쏘는 것을 가르치고 나서 새로 변한 문가학을 잡으러 보냈다. 그들은 옷고름이 달린 새만 찾아 다녔고, 마침내 문가학을 발견하였다. 그러나 새가 된 문가학이 하늘 멀리 떠서 날아다니니 밑에서 화살을 아무리 쏘아도 좀처럼 잡을 수가 없었다.

할 수 없이 다시 그 늙은 대신이 나섰다. 그는 대야에 물을 담아오게 하고는 그 위에 열십자로 선을 긋고 십자가 교차되는 지점에다 바늘을 곧게 세워 두었다.

문가학은 활을 들고 쫓아 다니는 관병을 피해 몇 달 동안이나 날다가 날다가 어느덧 지치고 말았다. 그때 마침 아무도 없는 들판에 나무 한 그루가 서 있는 것이 보이자 '옳다구나' 하고 거기에 앉았다가 그만 잡히고 말았다. 대야에 세워 둔 바늘이 나무로 둔갑하였던 것이다.

문가학은 임금을 속인 죄로 사형을 당하였다. 역적이라 하여 신안면 소이리에 있는 그의 고향집까지 찾아내어 집을 헐어 불태우고 집터에는 못을 팠다. 뿐만 아니라 문가학 집안의 재산도 나라에서 모두 압수하였다.

문가학이 살았던 소우실에는 그의 집터로 알려진 못이 남아 있고 지금도 그의 혼령인양 가끔 왜가리가 찾아든다. 그리고 소우실 건너편 용대기 먼당에도 문가학이 도술을 익혔다는 백여우굴이 아직도 남아 있어 그의 뒤를 잇는 지리산 도인들이 찾아오기도 한다.

한병사

　진주시 내동면 신율리 율곡 마을에 한병산이 있다. 한병사(韓兵使)의 무덤이 있어서 한병산이라 한다.
　한병사는 본명이 한범석이다. 조선 왕조 숙종 21년(1695) 무과에 급제하여 오도 병마절도사와 삼도 통어사(統御使)를 역임하고 부총관 자리까지 올랐던 실존 인물이다. 연경〔지금의 북경〕까지 사신으로 다녀오기도 했던 전형적인 무신이다. 그는 지금의 진주시 평거동에 살았다고 한다.
　한병사는 본래 서출(庶出)이다. 하루는 그의 아버지가 사랑채에서 낮잠을 자는데 꿈결에 건너 벼랑에서 범이 한 마리 나타나더니 자기 입으로 들어왔다. 뛰어난 아들을 낳을 태몽임이 분명하였다.
　한병사의 아버지는 입을 다문 채 안채로 들어가 부인과 잠자리를 같이 하려고 하였다. 그러나 아무리 남편이지만 대낮에 잠자리를 같이 하는 것은 정숙한 여자가 취할 태도가 아니라며 본처는 방문을 안으로 걸어 잠가 놓고 열어주지 않았다. 그렇다고 태몽을 말할 수도 없었다. 입을 열고 태몽을 발설하면 입 밖으로 범이 나가서 영험이 없어진다고 믿었기 때문이었다.
　남편은 답답한 마음으로 방문만 두드렸다. 그러나 아무리 방문을 두드려도 안에서는 열어주지 않았다. 그래서 할 수 없이 하녀의 방에 가서 동침하고 낳은 자식이 한범석이다.

이 아들은 어려서부터 재주가 남달랐다. 대여섯 살 먹어서부터 강 건너 내동에 있는 서당에 다녔는데, 신분이 미천한 종 어미의 자식으로 태어났기 때문에 언제나 아버지를 아버지라 부르지 못하고, 두 형도 형이라 못하여 가슴에 한이 맺혔다.

그럭저럭 서당에 다니다 보니 나이가 여 남은 살 넘게 되었다. 한번은 서당에 갔는데 비가 갑자기 쏟아져 강물이 크게 불어나고 위에서 흙탕물이 내려왔다. 양반인 형들은 동생을 보고 자기들을 등에 업어서 건너라고 하였다.

나이답지 않게 기골이 장대한 한범석은 시키는 대로 큰형부터 업고 건너가기 시작했다. 그러나 강 복판에 이르자 그만 우뚝 버티고 서서는 움직이지 않았다. 그리고는 큰형에게 다짐을 받았다.

"동생 쿨래, 안 쿨래. 안 쿨라 카몬 니랑 내랑 죽우뻴끼다."

등에 업힌 큰형 생각에 동생이라 부르지 않으면 저 놈이 물에 집어던져 빠져 죽게 할 것 같아서 잔뜩 겁이 났다. 그래서 하는 수 없이 앞으로 '동생이라고 부르마' 하고 약속했다.

다음 차례로 작은 형을 업어 건너면서 또 강물 한 가운데서 서버리고는 위협했다.

"동생 쿨래, 안 쿨래?"

"동생이라 쿨께."

작은 형도 그의 위협에 굴복하지 않을 수 없었다.

한병사의 아버지가 집에서 가만히 내려다보니 아들들이 강을 건너는 모습이 환하게 보였다. 강을 건넌 한범석이 옷을 추스리는 사이에 형들은 먼저 집으로 들어갔다. 아버지는 아들들의 행동이 하도 수상하여 물어보았다.

"너거들이 거어 옴서로 이 놈이 뭐라 쿠대?"
"그 놈이 동생 쿨래, 안 쿨래? 다짐을 받습디더."

그 뒤 한범석은 한평생 종으로 지낸 자기 어머니가 세상을 떠났을 때도 똑같은 수법으로 형들로 하여금 머리를 풀게 하였다. 당시로서는 서모(庶母)의 죽음에 상복을 입지 않는 관습이 있었으나 한범석 앞에서는 형들도 꼼짝하지 못하였다.

총각 때는 천성적으로 기운이 장사였고 수완도 좋아서 술을 마실 때도 공술을 얻어먹기 일쑤였고 남들이 노름하는데 뒤에 앉아 돈을 뜯기도 하였다고 한다. 이 무렵 한범석이 한병사가 된 것에 관련한 재미있는 이야기가 지금까지 전한다.

율곡마을 한병산.

한범석이 총각 때 마을에 놀러갔다가 한밤중에 집으로 돌아오는데, 길가 개천에서 누군가 그를 불렀다.
"한두령, 한두령."
자꾸 그를 부르는 소리가 났지만 귀신들이 그러는 줄을 알고 모른 체 했다.
"한서방, 한서방."
귀신들이 다시 불렀다. 그래도 아무 말 않고 있었다.
"한병사, 한병사."

귀신들이 다시 이름을 고쳐 부르니, 그때서야 그는 대답했다.
"와?"
그러자 귀신들이 일제히 까르르 웃었다.

한병사 무덤.

"아이구, 병사밖에 못해 묵겄다. 병사밖에 못해 묵겄다."

그리고는 무어라고 떠들면서 사라졌다. 귀신들이 장차 그의 도량과 경륜이 얼마나 되는지 알고 싶어서 그를 시험한 것이었다.

그뒤 한범석은 공부를 열심히 해서 무과에 급제했으며, 마침내 병사(兵使)가 되었다. 그러나 그의 배다른 형들은 아무런 벼슬도 하지 못하였다고 한다.

한병사가 죽을 때는 하늘에서 별이 떨어졌으며, 시체를 입관하려고 하니 도무지 방바닥에서 떨어지지 않았다. 생전에 조선 팔도 가운데 칠도(七道)의 병사(兵使)를 지냈으나 남은 한 도는 지내지 못한 한이 맺혔던 것이다. 이때 어느 벼슬아치가 나서면서 이렇게 말했다.

"팔도병사로 방을 붙이라."

이 말이 끝나자마자 시체가 방바닥에서 떨어졌다고 한다.

대사지와 산청 오일봉

진주 지방에서는 어떤 일을 제 마음대로 할 적에 "산청 오일봉이 제 말 제 타고 간다."고 하는데, 여기에는 다음과 같은 사연이 있다.

어느 봄날, 진주 목사가 인근 고을 원님들을 초청하여 북장대에 올라 앉아 연꽃이 여기저기 피어 있는 진영못을 내려다보며 놀고 있었다. 기생을 불러 놓고 흥겹게 노래 부르고 춤도 추며 즐기는데, 산청 오일봉이 갓끈도 없는 갓을 쓰고 고삐도 없는 말을 혼자서 타고 못 옆으로 건들거리며 지나갔다.

진주 목사가 화창한 봄날 모처럼 밖에 나와 즐기는데 웬 놈이 겁도 없이 말을 타고 지나가는 것을 보니 분기를 억누를 수 없었다.

"저 놈 잡아 오너라!"

관속이 육모방망이를 꼬나들고 못 둑으로 달려나왔다.

"니가 말을 탈 데 가 타야지 여게는 몬 탄다."

산청 오일봉은 그 말을 듣고 도리어 크게 소리를 질렀다.

"나라에서 국상(國喪)이 났다고 하는데 놀음이 다 뭐꼬!"

북장대에 앉아 있던 사또가 깜짝 놀랐다.

북장대에서 바라본 대사지의 옛 모습 (1913년).

"산청 오일봉이 제 말 제가 타고 가는데, 응, 잔소리가 만타 꼬! 국상이 났는 줄도 모르고 노는 것은 또 뭐꼬!"

오일봉이 계속해서 고래고래 소리를 지르니, 모여서 놀던 사람들은 모두 후환이 두려워 뿔뿔이 흩어졌다.

북장대 전경.

대사지는 예전에 진영(鎭營)못이라고도 했다. 1930년대 일제가 진주성 외성 전부와 내성의 성곽 일부를 헐어내어 지금의 중안초등학교 앞 쯤부터 경찰서 일원까지 걸쳐 있었던 이 못을 메워버렸다고 한다.

옛 기록을 보면, 신라 혜공왕 2년(766) 진주 관서(官署)의 대사(大寺) 동쪽 터가 점점 내려 앉아 하나의 못이 되었다고 한다. 크기가 가로 7자 세로 13자 가량인 이 못에 난데 없이 잉어 대여섯 마리가 생겨났고 잉어가 점점 커지면서 이 못도 따라 커졌다고 한다. 지금은 못이 흙으로 메워져 그 흔적조차 찾을 수 없지만, 옛날에는 석가산(石假山)이 있었고 경치가 좋았다고 한다.

갈봉이 보따리 털어먹을 놈

서부 경남에서 널리 알려진 의적으로는 진주의 강목발이와 산청의 임걸룡, 그리고 이반성의 갈봉이가 있었다. 옛날에 이반성 사람들이 나쁜 짓을 하는 아이들에게, "저 놈 갈뱅이 보따리 떨어 묵을 놈"이란 말을 자주 했다는데, 이는 갈봉이보다 더 간이 큰 도둑이란 뜻이다.

갈봉이는 마음이 어질고 잘못된 것을 그냥 보고 지나치지 못하는 성미를 가졌으며, 탐관오리나 부자의 재산을 훔쳐서 가난한 사람들에게 나누어 주어 사람들에게 신망이 두터웠다고 전한다.

이반성면 길성리 들판에는 일곱 개의 돌이 있었다 하여 칠성골이라 부르기도 하는데, 그 인근에 동두동이 있고, 동두동 남쪽 미륵골에 갈봉이 집터가 남아 있다. 다음은 이반성에서 전해지는 갈봉이 이야기이다.

이반성면 한골에 '갈봉이 바위'라는 바위가 있다. 갈봉이 어머니는 자식을 못 낳자 그 바위 밑에서 백일 기도를 드려 아들을 얻었다고 한다. 밤에 아기를 낳는데, 선녀 셋이 와서 물었다.

"대왕님 낳았어요?"

"안죽 안 낳았다."

선녀들이 나중에 또 와서 물었다.

"장군님 낳았어요?"
"안죽 안 낳았다."
선녀들은 한참 있다가 또 왔다.
"아기 낳았어요?"
"야."
그때서야 비로소 아기가 태어났던 것이다.

갈봉이의 집은 본디 가난하여 어머니가 엿장사로 생활을 꾸려나갔다. 엿방에 가서 엿을 만들어 와 일부는 집에다 남겨 놓고, 나머지는 엿판에 담아 머리에 이고 팔러 나가곤 하였다. 그런데 다른 사람이 먹을까 보아 시렁 위에다 얹어 놓은 엿이 날마다 몇 개씩 없어지는 것이었다.

방안에는 어린 갈봉이만 있고 집에 들어 오는 사람은 아무도 없는데 엿을 팔려고 나갔다가 집에 돌아오기만 하면 이상하게도 자꾸 엿이 없어졌다.

"이리 쪼깬 놈의 자식이 어찌 엿을 내라 묵었시꼬? 누가 와서 엿을 내라 묵었시꼬?"

어머니는 감쪽같이 엿이 없어지곤 해서 늘 골치거리였다.

그러나 영리한 갈봉이는 어머니가 엿을 팔러 밖으로 나가면 시렁에 있는 엿을 훔쳐 먹곤 하였다. 키가 작아 손이 시렁 위에는 안 미치니까 어디서 쇠토막을 구해와 화로불에 뜨겁게 달군 다음, 이 쇠토막을 긴 막대 끝에 매달아 시렁에 있는 엿그릇에 넣었다가는 쇠에 엿이 녹아 달라붙으면 내려서 먹었던 것이다.

이러한 갈봉이는 자라서 많은 부하를 거느리게 되었다.

하루는 갈봉이가 건너편 가산리에 그날 짠 명주베가 있다는 소문을 들었다. 그것을 훔쳐서 반성 장터에 나가 팔려고 부하들에게 도둑질을 해 오라고 하였다. 부하들이 가산 마을까지 갔으나 그날 짰다는 비단을 찾아내지 못했다.

미륵골 갈봉이 집터.

"암만 찾아도 베가 없데요."

갈봉이는 빈손으로 돌아온 부하들에게 찾을 방법을 일러주었다.

"에이, 반피 겉은 놈들아, 가서 베틀로 건드리 봐라. 베틀로 건드리몬 있는 데로 갤차 줄 끼다."

부하들은 갈봉이 말만 믿고 다시 가서 베틀을 건드려 짜그닥 짜그닥 소리를 내었다. 방에서 자고 있던 시어머니가 잠결에 그 소리를 들었다.

"야야, 며늘아. 오늘 짠 베를 끊어서 우쨌노? 베틀에 쥐가 건드리는 갑다."

"아이고, 어무이. 저 양푼에 옇어 가 솥 안에 옇어 놨십니더."

도둑들은 그 말을 듣고 명주베를 훔쳐 가지고 갔다.

또 한번은 갈봉이가 자기 동네 양반 부잣집을 털었다.

이 양반 집에서는 어느 날 저녁 제사를 지냈다. 당시 양반 집에서 제사를 지낼 때면 부녀자들은 오늘날 가발 같은 큰머리를 하고, 백동(白銅)으로 만든 고급 제사 그릇을 사용하였다. 제사를 지낸 뒤 아침에 일어나 보니 그 비싼 제사 그릇과 큰머리 다섯 개가 홀랑 없어졌다. 그 집에서는 큰 소동이 일어났다. 그때 양반 주인이 소동을 지켜보며 생각하다가 말했다.

"어허, 이것이 또 갈봉이 소행이로구나. 이 놈이 또 요지음 곤란쿠나. 말 짐 채리라. 내 갈봉이 찾아 간다."

그가 갈봉이를 찾으려고 고개를 넘는데, 건너편 햇볕이 잘 드는 잔디밭에 한가로이 누워있는 사람이 보였다. 바로 갈봉이었다.

"그 누웠는 기 뉘고?"

갈봉이는 기다렸다는 듯이 벌떡 일어났다.

"내 갈봉이다."

"와, 여어 누웠내?"

"네 기다리고 안 있나?"

"와 내 올 줄 알았나?"

"올 줄 알았지, 그래."

"예끼, 무작한 놈. 세상에 그런 일이 오데 있내? 부녀자들이 쓰는 물건이니, 넘우 제기(祭器)니, 응, 오데 그런 걸 다 가져 가내?"

일부러 화를 낸 표정을 지으며 양반 주인이 허허 웃다가,

"그나 저나 물건 우쨌노?"

"와, 물건을 찾을라꼬?"

"아, 찾아야 안 되겠나? 니가 궁색한 데가 있제? 얼매고?"

"이백 냥이 필요하다."

"그래, 이백 냥 주지. 어데 있내?"

44

"느그 집 동쪽에 보면 짚동이 여남은 게 있데. 짚동, 그 세 번 째 짚동인가 그 밑에 뒤직이 봐라."
　물건을 감추어 둔 데를 일러주고 갈봉이는 돈 이백 냥을 챙겨 가버렸다.

　그러나 갈봉이는 훔친 돈 한푼도 자기 집에 가져가는 일이 없었다. 길을 다니면서 불쌍한 사람들을 만나면 모두 나누어 주었다고 한다.
　갈봉이가 어디 가서 죽었는지는 아무도 모른다. 전하는 이야기로는 조정에서 체포령이 내려지자 마침내 잡혀서 대구 감영에 끌려가 모진 고문을 당한 끝에 죽었으며, 갈봉이를 죽인 대구 감영의 영장도 그 다음날 죽었다고 한다. 그래서 "갈봉이 죽이고 대구 영장 죽고, 강목발이 죽이고 진주 영장 죽었다"는 말이 생겨났다고 한다.

솟을랑재와 남명 선생

조선시대 유학자로서 안동의 퇴계 선생과 함께 이름이 널리 알려진 분으로는 남명 선생이 있다. 남명 선생의 본명은 조식인데, 어려서 외가에서 자랐다. 합천군 삼가면 토꼴(兎洞) 인천 이씨 집에서 자라다가 나중에 산청군 덕산으로 옮겨 살았다고 한다. 그분이 산청군 덕산으로 이사 올 때의 이야기이다.

합천 삼가에서 덕산으로 이사를 올 때, 십 리를 지나서 높이 솟은 한 고개를 넘는데, 이삿짐 가운데 가장 무거운 무쇠솥을 손에 들고 갈 수가 없었다. 그래서 고개에 이르러 솥을 내려 놓고 굴렁쇠처럼 걸리고 올라갔다.

마침 한 등짐 장수가 무거운 짐을 지고 그 가파른 고개로 올라왔다. 등짐 장수가 힘들게 그 고개 마루로 올라오니까 누군가 솥을 걸리고 가다가 쉬고 있는 중이었다.

"보소, 당신은 무슨 재주로 솥을 걸리고 가요?"

"나는 평소에 짐을 몬 지는 사람이 돼서 솥을 걸리고 간다."

"그래, 그러믄……"

등짐 장수는 말을 하면서 지게를 내려 놓았다. 그리고는 나뭇가지를 꺾어 회초리로 만들어 지게목발로 받쳐 놓은 등짐을 사정없이 때렸다.

"네 이놈! 너는 이놈아, 내하고 무신 원수가 맺혀서 주야장천 내 등허리에 업혀 댕기나? 이놈아, 너도 걸어가자."

그리고 나서 지게목발로 지게 다리를 탁 때리니까 가만히

숫을랑재.

있던 지게가 저절로 쭈죽쭈죽 걸어갔다. 남명 선생은 순간 속으로 뜨끔하였다.

"잘못됐다. 용서해 도라."

남명 선생은 체면을 돌보지 않고 그 등짐 장수에게 용서를 빌었다. 그러자 등짐 장수는 남명 선생을 돌아보고 크게 꾸짖었다.

"솥은 본시 지고 가라고 하는 물건이지 걸리고 가라하는 물건은 아닌데, 고런 요상한 재주를 부리다가 나중에 큰 선생을 만나몬 큰 봉변을 당할 것을 와 모리내?"

남명 선생은 부끄러워 낯을 들 수가 없었다. 볼품 없는 등짐 장수가 자기보다 재주가 훨씬 뛰어난 큰 선생이었던 것이다.

뒷날 남명 선생은 이때의 일을 교훈 삼아 더욱 열심히 공부하여 역사에 이름이 남는 큰 선생이 되었다고 한다.

이 이야기는 미천면에서 전하는데, 남명 선생이 솥을 걸리고 올라 간 그 고개는 현재 산청군 생비량면 가계리에 있는 소슬령이다. 소슬령의 다른 이름은 '솟을랑재'이다. 남명 선생이 솥을 걸려서 가게 한 뒤부터 그렇게 불렸다고 한다. 그리고 남명 선생을 크게 꾸짖은 등짐 장수는 본래 솟을랑재 산신령이었다고 전한다.

월아산과 금호못

  금산면 용아리 용심마을에 가면 그 앞에 금호못이 있고, 뒷편에 월아산이 있다. 월아산은 진주의 명산 가운데 하나로서, 달이 돋을 때 남북으로 솟은 두 봉우리의 산이 달을 토해내는 듯이 보이므로 그렇게 이름지었다고 한다. 본래의 이름은 달엄산이다. 달엄산의 '엄'은 어금니의 옛말이다. 일설에는 큰 홍수가 나서 천지개벽할 때 달엄산이 초생달처럼 그 끝이 남았다고 하여 달엄산이라 하기도 한다. 월아산은 풍수지리설에 따르면, 동쪽에는 나라의 재상이 나오고 서쪽에는 장군이 많이 나온다고 한다.

  이러한 월아산 아래에 있는 금호못은 일명 금산못이라고도 한다. 사람이 죽어 저승에 가면 염라대왕이 "금호못을 둘러봤느냐?"고 묻는다고 한다. "안둘러봤다"고 하면 게으른 놈이라고 벌을 내린다는 말이 있을 정도로 이름이 난 못이다. 본디 금호못은 신라시대에 만든 것으로 전해지는데, 한 눈에 못 전체를 다 보지 못할 만큼 크다. 예전에는 못의 깊이를 재어보려고 명주 실꾸리를 세 개나 넣어야 할 만큼 깊었다고 한다. 이 금호못에 월아산 두 봉우리가 비친 모양은 한폭의 그림과 같다. 여기에 다음과 같은 전설이 전해오고 있다.

  아주 오랜 옛날에 하늘에서 착한 청룡과 나쁜 황룡이 한데 엉켜 치열한 싸움을 벌이고 있었다.

그때 우연히 그 싸움을 본 한 장사가 용들을 향해 고함을 질렀다.

"싸움하지 마라!"

고함소리에 깜짝 놀란 청룡이 장사를 내려다보는 순간, 황룡이 그 틈을 놓치지 않고 청룡의 목에 비수를 찔렀다. 칼에 찔린 청룡이 땅에 떨어지면서 꼬리를 치니, 용의 꼬리를 맞은 자리는 크게 쓸려나가 그 자리에 큰 못이 생겼다. 그 못이 금호못이다. 금호못은 청룡에 의해 생긴 못이기에 물이 항상 푸르다고 한다.

월아산과 금호못.

진주에 가뭄이 들면, '달엄산에 무제 지내러 간다'는 말이 있다. 무제는 기우제를 이르는데, 월아산 꼭대기에서 금호못 청룡에게 기우제를 지내고 나면 산을 내려올 때 소나기가 퍼붓거나 늦어도 초저녁 무렵이면 단비가 내린다고 한다.

금호못에서 얼마 떨어지지 않은 곳에 유서 깊은 월아산 청곡사가 있다. 청곡사의 유래도 금호못의 용과 관계가 깊다.

금호못에 청룡이 살았

는데, 어느 날 월아산 두 봉우리 사이에 보름달이 떠올랐다. 못 가운데서 놀던 청룡은 달을 여의주로 잘못 알고 뛰어올라 덥석 깨물려다가 월아산에 받혀서 땅에 떨어지고 말았다. 그때 움푹 파진 자리에 지은 절이 지금의 청곡사이다.

월아산.
ⓒ 안동준, 2003.

아들을 구하지 못한 이인

월아산 너머 진성면 동산리 월정 마을 앞쪽 들 가운데에 정도리골이 있다. 본래 이름은 정두이골이다. 조선왕조 역학자 정두(鄭斗) 선생이 그 골짜기에 살았다고 하여 불리워진 이름이다. 정두 선생의 서당이 있었다고 하나 지금은 찾아볼 길이 없고, 그가 노닐던 정돌정이란 정자 터가 남아 있을 뿐이다.

정두는 조선 중기 인물로서, 동산리에 살았다 하여 사람들이 동산옹(東山翁)이라 불렀다. 효성이 지극했으며 이름을 숨기고 재주를 세상에 드러내지 않았다. 평생에 허물을 숨기고 명예를 탐하는 것을 수치로 여겼으나, 남들과 더불어 세속에 잘 따르기도 하여 기이하게 여기지 않는 이가 없었다. 토정 이지함이 남방으로 유람하다가 은거 중인 남명 선생을 찾아보고, 또 정두를 찾아 본 뒤에, "섬진강 동편에 오직 이 한 사람이 있을 뿐이다."라고 높이 평가하였다.

정두는 우람한 체구에 소탈한 성격이었으며, 세상에서 알아주지 않자 부귀영화에 초연하여 스스로 놀림감이 되기도 했다고 한다. 정두가 향시(鄕試)에 급제하여 성균관에 있을 때의 이야기이다.

한양 근교 삼각산에 놀러갔다가 우연히 늙은 스님 한 분을 만났는데, 그 스님이 정두 일행에게 차례로 각자의 고향을 물었다. 차례가 돌아오자 정두가 말했다.

"나는 고향이 진양이요."

그러자 스님이 반색하면서 물었다.

"진양에 사는 옥청(玉淸)이란 중을 잘 아는데, 소문을 듣자하니 환속하여 똑똑한 아들을 두었다고 합디다. 선비님은 혹시 그를 아시는지요?"

정두는 그 말을 듣자 뜰로 내려서서 공손히 절을 올리며 말했다.

"예, 그 분이 바로 소생 아버집니더."

속세로 돌아간 스님은 바로 정두의 아버지였다. 당시 형편으로 보아 성균관 유생의 아버지가 중이라는 사실은 예사 창피스런 일이 아니었다. 그것도 자기 동료들 앞에서 천한 중의 자식이란 부끄러운 집안 사정을 털어놓게 되면 놀림을 당할 게 뻔했다.

정돌정 정자터.

전하는 말에 따르면, 정두는 날짐승의 말을 알아들었고, 산속에 들어가 휘파람을 불면 새와 짐승들이 와서 따랐다고 한다.

하루는 어떤 이가 소를 타고 피리를 불면서 서당 앞을 지나는데 그 태도가 오만하기 짝이 없었다. 서당에서 글을 배우던 서생들이 혼을 내려고 서둘렀는데, 그때 정두가 말렸다.

"고마 놔 도라."

"와 그라는데?"

"그 자의 피리소리를 들어보믄 필시 오늘 밤 몬 넘기고 죽는다."
 과연 그 사람은 소 등에서 내리자 곧 피를 토하고 죽었다.

 정두가 젊은 시절 절에서 공부를 하고 있을 때의 일이다. 가뭄으로 절에 먹을 물이 바닥나자 스님들이 십 리 밖에까지 가서 물을 길어 나르는 형편이었다.
 스님들은 하늘을 보고 탄식하였다. 날마다 물을 져서 나를 일이 태산 같았기 때문이다. 그때 정두가 말했다.
 "걱정할 거 없다. 내일 되몬 큰 비가 내린다."
 과연 그의 말처럼 다음 날 큰 비가 내렸다.

 이처럼 앞일을 예언하는 능력을 지닌 정두에게 아들이 하나 있었다. 세상 사람들이 그를 이인(異人)으로 일컬었지만, 집안에서는 평범한 아버지에 지나지 않았다. 세월이 흘러 그 또한 죽음이 임박하였다. 그는 임종할 때 아들에게 이렇게 유언했다.
 "아무 해에는 음, 피난할 자리는 오데 오데인데 거기로 이사 가라."
 그런데 아들은 그대로 살면서 차차 논밭을 장만하여 어느덧 남부럽지 않게 먹고 살만해졌다. 또 정두의 손자뻘 되는 자기 자녀들이 커 가는 것을 지켜보니까 마을에 정이 들어 그만 그대로 눌러 살게 되었다. 아버지 정두의 예언을 예사로 듣고 잊어버렸던 것이다.
 드디어 정두가 일러준 그 해가 다가왔다. 그때까지 아들은 아버지가 일러준 대로 이사를 가지 않고 그곳에 살고 있었다.
 과연 아버지가 예언한 그 해에 갑작스레 큰 비가 물동이로

퍼 붓듯이 내렸다. 조그만 골짜기는 갑자기 내린 빗물을 감당하지 못했고, 삽시간에 불은 계곡물이 산 아래로 쏟아져 내렸다. 물이 골짜기에서 요동을 치는 바람에 골짜기 한편에 있던 집채만한 흙더미도 무너져 주변을 휩쓸었다. 정두의 후손들은 속수무책으로 흙탕물에 휘말려 모두 죽고 말았다. 큰물이 진 그 해에 정두의 후손이 끊어진 것이었다. 그 뒤 이곳 사람들은 그 골짜기를 정두이골이라 불렀다.

정두의 아들이 죽은 사연에 대해서는 다른 이야기도 전한다. 정두가 달음산 동쪽 골짜기에 살면서 언젠가 자신이 죽을 것을 알고 아들에게 유언을 남겼다.
"야들아, 야들아, 난리는 날 끼다. 난리는 나는데, 내가 죽고……."
"우짜몬 됩니꺼?"
"얼마 안 있으몬 난리가 나서 왜병이 바리티(지금의 이반성면 발산)로 넘어올 끼다. 나는 그것을 못 보고 죽는데, 니는 그 화를 못 면할 끼다. 그러깨네 강원도 훈도(訓導) 자리나 얻어 이사가서 찍 소리 말고 집안을 보전해라."
그러나 아들은 그 말을 대수롭지 않게 듣고 고향에서 눌러 살다가 임진왜란 때 죽고 말았다. 정두가 죽은 지 20년이 지난 뒤에 임진왜란이 일어났던 것이다.

현재 정두 선생이 노닐던 정자터에 동신제를 지내는 정자나무가 남아 있고, 정두 선생이 손톱으로 동서남북을 그어놓았다는 바위는 대곡면 마호 마을에 있다.
전해오는 이야기로는 많은 풍수들이 마호 마을 뒷산 중턱

마호마을에 있는 정두 선생의 바위. 바위 가운데 밝은 부분에 십자 표시가 희미하게 보인다.
ⓒ 안동준, 2003.

에 있는 이 바위로 찾아가 패철[나침반]을 그 위에 놓고 바늘의 방향이 정두 선생이 그어놓은 방향과 일치하는 지 검사하였다고 한다. 검사 결과 방향이 맞지 않는 패철은 그 자리에서 깨어버려 예전에는 바위 주변에 부셔진 패철이 수북하게 쌓여 있었다고 전한다. 지금은 예전처럼 풍수가 흔하지 않고, 이곳을 찾아오는 이도 드문 탓인지 패철 조각마저 찾아보기 어렵다.

수정봉과 순천봉

　진주에는 옛부터 수정반조(水晶返照)라는 말이 전해진다. 가을철 저녁 햇빛이 수정산 단풍을 투명하게 비추며 이루어내는 아름다움은 이루 말로 다할 수 없다. 더욱이 붉은 노을이 서쪽 하늘을 물들이는 가운데 산 아래 연화사 종소리가 들리면 수정산 일대는 어느새 신비스런 별천지가 된다.
　이러한 수정산에는 두 개의 봉우리가 있다. 북쪽 수정봉에는 몇 천년 전부터 사람들이 살았던 흔적으로 가야시대의 고분이 지금도 남아 있고, 동쪽 순천봉에는 다음과 같은 전설이 깃들어 있다.

　어느 날 새벽 신선이 순천봉을 어깨에 메고 말티고개를 넘어가고 있었다.
　마침 새벽 일찍 일어나 빨래를 하던 어느 아낙네가 신비스럽게도 큰산을 메고 오는 노인을 보고서는 깜짝 놀라서 고함을 질렀다.
　"아이고, 저게 영감이 산을 메고 온다!"
　그러자 이 소리를 들은 신선이 말했다.
　"방정시러운 여편네가 나와서……. 하늘의 뜻이 이렇다면 할 수 없다."
　신선은 그만 산을 어깨에서 내려 놓았으며, 그것이 지금의 순천봉이 되었다고 한다.

신선은 몇번이고 순천봉을 뒤돌아 보면서 아쉬운 표정을 지었다.

"이 순천봉이 진주 한복판에 앉았으면 복을 받을 낀데……"

그리고는 어디론가 사라져 버렸다고 한다.

순천봉(위)과 수정봉(아래).

이 이야기에 나오는 순천봉이 바로 지금의 수정산 동쪽 봉우리이다. 풍수리지설에 따르면, 하늘의 뜻에 따른다는 뜻이 있는 순천봉(順天峰)이 시내 복판에 앉았더라면 진주가 굉장하게 발전하고 잘 살게 되었을 것이라고 한다. 애당초 순천봉을 진주의 한복판에 세워 두려는 것이 하늘의 뜻이었지만, 우연한 잘못으로 진주시의 변두리에 앉게 되어 도시는 이상하게도 더 이상 커지지 않고 꼭 옛날 그대로 모습을 지키는 고전적인 전통도시가 되었다고 한다.

용을 탄 신선

　남해안고속도로 인터체인지에서 문산 방면으로 국도를 따라가다가 문산 입구에서 왼쪽을 보면 용머리 모양의 산이 보이는데 이 산이 문산면 소문리에 있는 용두산이다. 이 용두산에는 다음과 같은 이야기가 전한다.

　아주 먼 옛날 문산에 한 신선이 살았다. 이 신선은 자기가 터를 잡고 있는 문산 마을 사람들을 어떻게 하면 잘 살게 할까 궁리를 한 끝에 마침내 용왕을 만나보기로 작정하였다.
　보슬비가 부슬부슬 내리는 어느 날 새벽. 신선은 용왕을 만나기 위해 용머리에 올라 앉아 막 하늘로 올라가려는 순간, 새벽 일찍 빨래를 하러 나온 처녀에게 들키고 말았다. 처녀는 빨래를 하다가 문득 하늘을 쳐다보니 어떤 백발노인이 용머리에 올라 앉아 막 하늘로 오르고 있는 것이 아닌가. 깜짝 놀란 처녀는 엉겁결에 크게 소리를 질렀다.
　"어떤 영감이 용을 타고 하늘로 올라간다—!"
　그 소리에 놀란 용은 하늘에서 떨어져 머리를 땅에 처박고, 뒤이어 용의 허리도 처녀가 빨래하는 자리에 떨어져 두 동강 나고 말았다. 그리고 순식간에 용의 형상은 온데간데 없이 사라지고, 그 자리에 산이 새로 하나 생겼다.
　용을 타고 가다가 변고를 만난 신선은 어이가 없었다.
　"아뿔사! 용머리가 십리만 더 뻗었더라도 문산이 참으로

소문리에 있는 용두산.

큰 고을이 되었을 텐데……."

신선은 길게 탄식만 하고 어디론가 사라져 버렸다.

용의 머리가 산이 된 곳을 지금은 용두산이라 부른다. 용두산이 용의 허리로 마을을 안아 십리 밖으로 뻗었더라면, 앞으로는 금곡면을 내려다 보고 뒤로는 금산면과 더불어 살 수 있는 큰 고을이 되었을 것이라고 한다.

지금의 용두산을 보면, 산의 형태가 마치 용 같이 생겼는데, 용두산 머리의 바위 모양과 남산 머리의 바위 모양이 산을 둘로 갈라놓은 것처럼 아주 비슷하다고 한다. 두 산이 서로 상당한 거리를 두고 떨어져 있지만, 산 봉우리에 자라는 초목도 비슷하기 때문에 다음과 같은 이야기도 있다.

어느 날, 한 아낙네가 빨래를 하다가 문득 하늘을 보니, 용이 산을 끌고 날아오는 것이었다.

빨래하던 아낙네가 그 광경을 보고 빨래방망이로 빨랫돌을 힘껏 두드리며 크게 소리쳤다.

"용이 산을 끌고 온다!"

그 바람에 용이 놀라서 끌고 오던 산을 그 자리에 놓고 어디론지 사라졌다고 한다.

문산은 예로부터 신선이 놀던 곳이라고 한다. 문산면 삼곡리에 있는 남산에는 신선이 타고 다녔다는 학이 옛날에 수천 마리나 모여들었다고 하는데, 소문리에 있는 용두산을 끌어와 이러한 남산과 연결시키기만 했더라면 한 나라의 도읍지가 되었을 것이라고 한다.

엄마다리

미천면 반지마을.

진주시 대곡면 단목리에 '엄마다리'라 하는 돌다리가 있었다. 새 다리가 생기면서 길고 납작한 돌다리는 모래 속에 묻히고 말았지만, 예전에는 마을을 드나드는 요긴한 다리였다. 이 돌다리에는 효성이 깃든 이야기가 전한다.

옛날 단목 마을 옆동네인 미천면 반지 마을에 아들 삼형제를 둔 과부가 살고 있었다. 남편이 어린 아들들을 두고 세상을 떠났기에 큰아들을 일찍 장가들여 함께 살았다. 그런데 어느 날부터 어머니는 밤이 되면 아들과 며느리가 자는 틈을 타서 살짝 나갔다가 새벽이 되면 돌아왔다. 아들 며느리 몰래 하는 행동이라 한동안 눈치를 채이지 않았으나 꼬리가 길면 밟힌다고 나중에 큰아들이 이를 알게 되었다.

어머니는 나갈 때는 모르겠는데 돌아올 때 보면 치마가 물에 흠뻑 젖어 부엌에서 옷을 말리곤 했다. 그래서 큰아들은 하도 이상하여 어머니 뒤를 한번 따라가 보기로 했다.

아니나 다를까 그날도 밤이 이슥하여 자정쯤 되자 자고 있던 어머니가 살며시 방문을 열고 나가는 것이었다. 자는 체하고 있던 큰아들도 일어나 몰래 어머니의 뒤를 밟았다.

동네를 내려와 나루터에 이르자 삼동 겨울인데도 어머니는 버선발로 그냥 개울을 건너가는 것이었다. 먼 발치에서 숨을 죽이고 지켜보던 큰아들도 뒤를 따라 개울을 건넜다. 차가운 물이 온 몸을 얼어붙게 했다.

'우찌 이리 차분 물을 건늘꼬.'

큰아들은 속으로 중얼거리며 개울을 건너 들길을 가로질러 계속 어머니의 뒤를 밟았다. 그런데 뜻밖에도 어머니는 건너 마을 홀아비 영감 집으로 불쑥 들어가는 게 아닌가. 홀아비는 기다렸다는 듯 마당으로 내려와 어머니를 안고 방으로 들어갔다. 멀리서 이를 지켜보던 큰아들은 크게 한숨을 쉬었다.

큰아들이 가만히 생각해 보니, 남자인 아버지는 새로 장가를 들 수 있어도 여자인 어머니는 시집을 못 가는 시대에 어머니의 불륜을 마냥 탓하고 있을 수만 없었다. 무심한 자식들이 어머니의 마음을 헤아리지 못하고 추운 개울물을 그냥 건너는 불편을 해결해 주지 못한 게 죄스러울 뿐이었다.

대곡면 단목리 엄마다리의 옛 흔적.

효성이 지극한 큰아들은 어린 동생들과 의논해서 어머니 모르게 개울에 돌다리를 놓았다. 나중에 이 사실이 마을에 알려져 이 다리를 '엄마다리'라고 부르게 되었다.

이와 비슷한 이야기가 집현면에서도 전해진다. 집현면 덕오리에 덕성마을이 있고, 지금 덕오초등학교가 있는 오밧골 향양천에 '오모다리'가 놓여 있다.

옛날 오밧골에 오 부자가 살고 있었고, 개울 건너편 금사곡에는 김 부자가 살았다. 김 부자는 홀아비로 있었고, 오 부잣댁에는 과부가 어린 삼형제를 데리고 살고 있었다.

오 부잣댁 과부는 저녁이 되면 개울 건너편에 있는 김 부잣집으로 갔다가 새벽이면 돌아오곤 하였다. 하루는 새벽에 차가운 개울을 건너오다 보니 발이 너무 시려서 어린 삼형제가 자고 있는 이불 밑에 발을 넣으면서 발이 차다고 혼자 중얼거렸다. 자고 있던 어린 삼형제가 이를 듣고 이상하게 여겼다.

오밧골 향양천에 오모다리가 있었던 자리.

다음날 저녁에도 과부는 어린 삼형제를 재워놓고 개울 건너 김 부잣집으로 갔다. 삼형제가 미행하여 보니 어머니는 추운 겨울인데도 신발을 벗고 맨발로 개울을 건너 가는 것이었다. 이를 본 어린 삼형제는 그때야 생각이 나며 어머니가 새벽에 개울을 건너 오느라고 발이 차갑다고 한 줄을 알게 되었다.

그날 새벽 삼형제는 어머니가 돌아올 때까지 기다렸다가 신발을 벗지 않고 건널 수 있도록 급히 개울에 엎드려 다리를 놓아주었다.

그뒤 삼형제는 힘을 모아 개울에 노잣돌을 놓고 어머니가 편안히 건너다닐 수 있도록 하였다고 한다.

  이 다리는 '오모다리'라고 전해 오고 있다. '오모'는 '옴마(엄마)'란 진주말이 변한 것이다. 지금 이 다리는 하천 보수 공사로 그 형태는 사라지고 그 위치만 남아 있게 됐다.

개가한 어머니 찾기

진주시 수곡면에서 전해지는 이야기이다.

옛날에 아들 삼형제를 그냥 두고 어머니가 딴 데로 시집갔다. 팔자를 고친다고 다시 시집가서 살았지만 여전히 못 살았다. 그래서 다시 자식들을 찾아왔으나, 큰자식도 싫다, 작은자식도 싫다, 모두 다 싫다고 하여 도로 집을 안 나가고 배길 수가 없었다.

어머니는 쫓겨나가면서 청춘 시절 시집올 때 입었던 명주 저고리 시침을 떼내었다. 그리고 이를 맺고 맺고 또 맺어 챙챙 꿰매다시피 하여 가지고 집을 나갔다.

그 뒤로 아들들은 장가를 들어도 웬일인지 모두 자식을 두지 못하였다. 그래서 어디 가서 점쟁이에게 물어보았다.

"아이고 아이고, 부모가 이러키 원수로 맺고 갔는데 자식을 우찌 키울 수가 있소? 와 그랬소?"

점쟁이 말로는 어머니의 한이 맺혀서 자식을 못 낳으니 이제라도 어머니를 찾아 와서 편히 모셔야 삼형제 모두 자식을 보겠다는 것이었다. 그래서 삼형제는 방방곡곡으로 어머니를 찾아 다녔다. 마침내 어머니를 찾아서 집에 돌아왔으나, 아무리 애를 써도 명주 저고리 시침이 꿰메어진 것은 풀 수가 없었다. 아들 삼형제는 또 점쟁이를 찾아갔다.

"우짜먼 좋겠소?"

"숩다. 성냥 한 갑이면 그거는 해결된다."

그 말을 들은 삼형제는 명주 저고리를 불살라버렸다. 그뒤 아들 삼형제는 소원대로 두꺼비 같은 아들을 줄줄이 낳았으며, 어머니는 손자들을 안고 옛날 이야기를 하면서 잘 살았다고 한다.

 또 한 옛날, 어머니가 아들을 다섯이나 낳아 놓고 다시 시집을 갔다.
 "옴마—!"
 이 어머니는 아들들이 울며불며 따라가도 발로 탁 차버리고 제 혼자 잘 살겠다고 집을 나갔다. 이 역시 다시 시집가서도 못 살아 빌어먹고 살았다.
 어느 눈오는 겨울에 큰아들 집에 동냥 온 늙은 거지가 있었다. 큰아들이 마침 사랑방에 있다가 어디 거지 얼굴이나 좀 보자면서 쳐다보니 뜻밖에도 자기 어머니였다. 큰자식이니까 바로 알아 볼 수 있었다. 큰아들은 아무 말 없이 늙은 어머니를 사랑방에 들어오게 하였다. 큰아들은 거지 어머니를 방안에 앉혀 놓고 안채로 들어갔다.
 "오늘은 눈도 설설 오고 우짠지 오매가 보고 젚다. 이럴 제는 오매가 찾아오머 우리가 아무 말 없이 뫼실낀데. 이럴 적에 우리 오매나 함 오면 좋겠다."
 "그렇지요, 어무이가 계시머 참 좋지요. 어디 있는 줄만 알먼 내가 벼락같이 뫼시러 가겠어요."
 자기 부인이 대꾸했다. 큰아들은 또 둘째의 아내, 제수한테 갔다.
 "내가 오늘 무다이 어무이가 보고 젚고 이래서 참 아무거시 저거 엄마한테 내가 물은께, 이박을 한께네, 애기 더 들고 젚데요."
 "있는 데만 알먼 내가 뫼시로 가겠소. 나도 무다이 오늘 생각한께네, 참 마 얼굴도 못 본 시어매가 보고 젚소."
 곁에 있던 막내제수도 덩달아 말했다.
 "아이고, 보고 젚고로요. 하모 안 보고 젚어요? 부몬데요. 저희들 말로 안 해 그렇지 참 보고 젚습니더."
 큰아들은 그렇게 동생 부인들을 모두 만나 말을 걸어 봤다. 며느리 다섯 모두 같은 마음으로 시어머니가 보고 싶다고 했다. 그래서 큰아들은 실은 시어머니가 사랑채에 와 있다고 알려주었다. 이 말을 들은 동생들과 제수들은 버선발로 사랑방으로 뛰어갔다. 다섯 아들과 며느리들은 대청 앞에 모두 몰려 나와 새로 찾은 어머니에게 절을 하고 반갑게 맞이하였다.
 다음날 넉넉한 살림인지라 소와 돼지를 잡아 놓고 동네 어른들을 불러서 잔치를 벌였다. 집 안마당에 멍석을 펴고 잔치를 거창하게 할 즈음에, 큰아들이 패랭이를 손에 높이 바쳐 들고 말했다.
 "예, 저 제 어무이가 살러 갔다가 이 참 제 집으로 돌아왔입니더. 제가 이랬이니 어디 넘캉같이 번들한 갓을 씨겠입니꺼? 피랭이를 씨겠습니더."
 이때 동네 어른들 가운데 가장 나이가 많고 학식이 깊은 분이 키가 모자라자 손에 들고 있던 담뱃대로 큰아들의 패랭이를 벗겨내며 말했다.
 "허, 자네가 참 효자네. 효잔데, 피랭이는 당치 않은 말이네. 함부레 피랭이 치우라꼬. 어, 피랭이 치우라꼬."
 그리고 거의 강제로 우기다시피 하여 패랭이 대신에 갓을 쓰도록 하였다. 그러자 주위에 있던 동네 어른들도 큰아들의 행동을 칭찬하고 어머니를 다시 모시는 데 찬성하였다.

남산 달래고개

문산면 삼곡리 동산 마을 앞에 남산이 있고, 그 중턱에 달래고개가 있다. 이 고개에는 다음과 같은 슬픈 이야기가 전해온다.

옛날에 사이 좋게 지내던 오누이가 살았다. 부모님은 멀리 일하러 나가고 이들은 남산 산비탈에 있는 밭에 일하러 갔다.

둘은 호미와 바구니를 챙겨들고 재미있는 이야기를 서로 나누며 비탈진 고갯길을 걸어 올라갔다. 한적하고 인적이 드문 산길이라서 겁이 많고 힘에 부치는 여동생을 앞세우고 오빠는 뒤에서 따라갔다. 그렇게 고갯길을 힘들게 올라가는데 갑자기 소나기가 내렸다.

고갯마루라서 달리 비를 피할 만한 자리도 없고, 또 시원한 여름비라서 두 사람은 비를 흠뻑 맞았다. 그런데 여름철에 입는 얇은 베옷이 빗물에 젖자 과년한 여동생의 몸에 찰싹 달라붙었다. 뒤에서 따라오던 오빠는 벗은 것이나 다름없는 여동생의 몸을 보고 순간적으로 욕정을 느꼈다.

문산면 남산.

아무 것도 모르고 앞서 고갯길을 내려가던 여동생은 한참 뒤 아무리 기다려도 오빠가 오지 않자 왈칵 무서운 생각이 들었다. 그래서 다급하게 오빠를 부르며 고갯길을 되돌아 갔다. 다시 고갯마루로 올라와 주위를 둘러보아도 뒤에 따라오던 오빠는 보이지 않았다. 그때 길섶을 자세히 살펴보니 오빠가 아랫도리를 피로 물들인 채 쓰러져 있었다.

여동생에게 순간적으로 욕정을 느낀 착한 오빠가 죄책감을 느끼고 고갯마루에서 자기 국부를 돌로 찍어 죽고 말았던 것이다. 뜻밖의 참변을 당한 여동생은 죽은 오빠를 껴안고 울부짖었다.

"아이고, 오빠야! 와 죽었노. 내한테 달래나 해 보지."

그 뒤부터 이 고개를 달래고개라 불렀다고 한다.

남산 달래고개.

용다리에 얽힌 이야기

　진주 시내에서 교차로를 지나 남강다리 상판에 올라서기 전, 왼쪽 건너편 인도에 서서 아래쪽을 내려다보면 남강변으로 내려가는 길이 보인다. 지금의 중앙파출소에서 남강변으로 내려가는 길목인데, 동방호텔에서 남강 둑길을 걸어가다가 남강다리 아래 끊어진 둑길 위에 서서 오른쪽 아래로 시선을 돌리면 보이는 그 길이다. 예전에 그 자리에는 용머리가 양쪽으로 붙어 있던 돌다리가 하나 있었다고 한다.
　용다리는 그 옛날 진주성의 동문을 들어가는 길목이었으며 인근에 소전거리, 곧 우시장이 있었다. 이 용다리에는 어느 머슴이 이룰 수 없는 사랑으로 미쳐서 죽은 슬픈 이야기가 전해온다.

　옛날에 이씨 성을 가진 군수가 있었는데 아들복이 없어 딸만 셋 두었다. 그 가운데 둘째 딸은 시집간 지 얼마 되지 않아 남편이 죽어서 친정에 돌아와 수절을 하고 있었다.
　그때 군수의 집에는 돌쇠라는 우직한 하인이 있었다. 그는 군수의 둘째 딸이 돌아온 뒤부터는 더욱더 열심히 일하고 집안의 잡일도 말없이 거들어 주었다. 그런데 언제부터인지 돌쇠의 눈에 이상한 핏발이 서기 시작했다. 둘째 딸을 만날 적마다 평소와 다른 어색한 태도를 보이면서 때로는 한숨을 쉬며 먼 하늘을 바라보기도 했다.

한편, 젊은 나이에 일찍 남편을 잃고 홀로 긴 밤을 새우던 군수의 딸은 자기도 모르는 사이에 마음을 써 주며 친절히 대하는 돌쇠가 어쩐지 좋게 느껴졌다. 갈수록 좋은 감정이 차츰 쌓이다 보니 어느새 두 사람은 서로를 인정하고 마침내 서로 사랑하게 되었다. 그러나 신분이 다른 두 사람의 사랑은 어느 누구에게도 드러내어 보일 수 없었다. 아침 저녁으로 얼굴을 마주하는 가까운 사이였지만, 두 사람은 벙어리인 양 가슴만 태우고 손목 한번 잡아 보지 못하였다. 속만 태우던 군수의 둘째 딸은 시름시름 상사병으로 앓다가 그만 죽고 말았다.

미칠 것 같은 돌쇠는 진주성에서 선학재를 넘어 장사를 지내러 가다가 길목인 용다리 위에서 무심결에 개울물에 자기 얼굴을 비춰 보았다.

"애씨, 애씨님—."

돌쇠는 개울물을 들여다 보면서 둘째 아씨를 애타게 부르다가 그만 미쳐 버렸다.

함께 용다리를 지나던 하인이나 일꾼들은 아씨가 죽어 슬퍼하는 줄만 알았지, 짝사랑하고 있는 줄은 전혀 눈치채지 못하였다. 군수도 딸을 잃은 뒤 이곳에 정이 떨어지자 충청도로 벼슬자리를 옮겨 떠나고자 하였다. 그가 진주를 떠나면서 용다리를 건너가는데 뒤따라 와야 할 돌쇠가 보이지 않았다. 사람을 놓아 찾아보니 벌써 돌쇠는 다리 옆 고목나무에 목을 매달고 죽어 있었다.

그런데 이상한 일이 일어났다. 여태까지 조용하던 용다리 밑 개천에서 수천 마리나 될 듯한 개구리 울음소리가 들려오는 데, 마치 미친 돌쇠가 중얼거리며 울부짖는 소리 같았다.

그 뒤부터 용다리 밑에는 진주에서 개구리가 제일 많이 모여 우는데, 짝을 지은 남녀나 부부가 지나가면 개구리들의 울음이 끊겼다고 하며, 상사병에 걸린 사람이 용다리를 두 번 왔다갔다 하면 씻은 듯이 병이 나았다고 한다.

처녀골 처녀귀신

　진주성 동쪽 기슭을 흘러가던 남강물이 갑자기 오른쪽으로 휘돌아 나가는 곳에 병풍을 두른 듯 그림 같이 아름다운 절벽이 펼쳐져 있다. 이 곳을 뒤벼리라고 이르며, 아름다운 뒤벼리가 끝나는 동쪽 편에 골짜기가 나온다. 진주에서는 이 골짜기를 흔히 '처이골' 또는 '처자골'로 부른다. 함안 조씨 문중에서 지은 제각(祭閣)이 있는 이 골짜기에는 예나 지금이나 사람들이 들어가기를 꺼려하는데, 그럴 만한 사연이 있다.

　조선 중엽 진주의 원님 딸이 세도가 있는 함안 조씨 가문의 총각에게 시집가기로 혼인 약속이 되어 있었다. 그런데 그 처녀가 갑자기 병이 들어 덜컥 죽고 말았다.

　처녀의 집에서는 함안 총각 집에 아무런 기별도 하지 않았다. 그래서 조 도령은 아무 것도 모르고 과거공부만 하고 있었다.

　그 무렵에는 결혼을 앞둔 처녀가 죽으면 혼백을 따로 모시는 풍습이 있었다. 부모가 살아 있으면 위패를 만들어 그 영혼을 삼 년 동안 안치하는 것이었다.

　죽은 처녀의 아버지가 어느 날 위패를 벽장 안에 넣어 놓으니까 그날따라 위패가 안에서 소리를 내며 뛰기 시작하였다. 이상한 소리가 들려서 처녀의 아버지가 들여다 보면 위패가 엎어져 있고, 다시 돌아서면 소리를 내며 뛰기 시작하였다. 그래서 다시 또 들여다 보면 엎어져 있었다.

"와 이럴꼬?"

처녀의 아버지가 엎어져 있는 위패를 토탁토탁 두드리며 몇 차례나 일으켜 놓다보니 어느새 땅거미가 내리는 저녁이 되었다. 그때 어디서 말 울음 소리가 들리고 얼마 뒤, 관복을 입은 젊은 벼슬아치가 집으로 들어왔다.

"어데서 이리 좋은 선비가 찾아오는고?"

처녀의 아버지가 물었다. 그 벼슬아치는 불쑥 들어오더니 공손히 인사를 하면서 말했다.

"함안에 있는 조 아무개입니더."

하지만 젊은이가 이름을 일러주어도 누군지 기억할 수 없었다. 이상하다 싶어서 아버지가 무슨 함자(銜字)를 쓰는가 하고 다시 물어보고는 참말로 약혼한 그

처녀골 조씨 문중 제각.

총각인 듯 싶어서 하는 수 없이 말했다.

"내 딸은 죽었네."

그 말을 듣고 벼슬아치가 따지며 물었다.

"죽었으몬 우찌 부고도 없고 그랬십니꺼?"

자기는 그런 줄도 모르고 한양 가서 과거에 장원급제를 해서 내려오는 길이라고 하였다. 조 도령은 고향으로 내려오는 도중에 정혼녀의 집에 들렀던 것이다. 처녀의 아버지는 그동안의 자초지종을 말해 주었다.

"그러면 위패는 우쨌십니꺼?"

"위패는 장방에다 모셔 놨다."

처녀의 아버지는 위패를 대청 위에 있는 장방에다 모셔 놓았다고 하였다. 그 말을 들은 조 도령은 장방 문을 열면서 안을 들여다보았다. 그리고 위패 씌운 것을 벗길려고 하는데 위패가 그만 조 도령의 도포자락으로 폭 들어가 버렸다. 처녀의 아버지가 조 도령 어깨 너머에서 장방을 들여다보니 위패가 보이지 않았다.

"하루종일 게 있었는데, 금새 오데로 갔노?"

"지 손에, 소매에 들었입니더. 혼인날을 받아 주이소."

조 도령이 말하였다.

"어 참, 사람도 없는데 우째 혼인날을 받겠내?"

"우째 그래도 약속을 정해 놓고 그럴 수가 있십니꺼?"

조 도령은 고집대로 혼인날을 받고 처녀의 혼백하고 결혼을 했다.

그뒤 재취 장가를 들라고 혼인 말이 오가는 어느 날, 문득 지붕 위에 바가지만한 불덩어리가 보였다. 이 일이 있은 뒤 다른 처녀와 혼인을 했는데, 어느 날 재취 부인이 아이를 낳으려고 했던지 태기가 있었다. 또다시 바가지만한 불덩어리 일곱 개가 떠오르는 것이 보인 뒤 그 부인은 아들 일곱을 낳았다고 한다.

조판서 위패.

총각이 처녀의 죽음을 과거보기 전에 이미 알고 있었다고 하는 다른 이야기도 있다.

진주 원님의 딸이 지방 호족인 함안 조씨 부자 양반집에 시집가기로 혼담이 결정되었고, 양쪽 집안에서는 예물까지 교환하고 혼인날만 기다리고 있었는데 신부가 덜컥 죽었다. 뜻밖에도 시집갈 원님의 딸이 갑자기 병이 들어 죽었으니 일은 매우 딱하게 되었다. 옛날에는 지금과는 달라서 예물을 서로 주고 받으면 시집간 것과 똑같은 것으로 여겼다.

처녀는 죽었으나 이미 납폐를 끝낸 뒤라 할 수 없이 지금의 처녀골에 묘를 쓰고 묘막(墓幕)에 위패를 모셨다. 함안 조씨 집안의 조 도령은 혼약한 처녀를 잊고, 그동안 공부에만 전념하여 마침내 과거에서 장원급제의 영광을 차지하였다. 조 도령이 한양에서 말을 타고 진주를 거쳐서 금의환향을 하는데 처녀골 앞에서 기이한 일이 벌어졌다. 묘막에 있던 위패가 갑자기 공중으로 뛰기 시작하였다. 사람들이 놀라고 있는데 위패가 날아오르더니 조 도령의 도포자락으로 들어가 버렸다. 놀란 조 도령이 이상하다 싶어서 사연을 알아보니 뜻밖에도 자기와 혼약을 맺은 처녀의 위패였다.

이에 조 도령은 집안의 어른들과 상의하여 조씨 문중에서 제각(祭閣)을 지어 처녀의 영혼을 달래 주었다. 지금도 상대동에 있는 함안 조씨 재실 뒷편 산자락에 이씨 처녀의 무덤이 있다.

나막신쟁이날

 '나막신쟁이날'이란 진주에만 있는 날이다. 한겨울이 다 지나간 음력 섣달 스무 이튿날이 이 날이다. 이 날은 겨울철 절후인 입동, 소설, 대설, 동지, 소한, 대한이 다 지나는데도 언제나 모질게 춥다. 이 나막신쟁이날에는 가난 때문에 모진 매를 단돈 석냥과 바꾸어 맞다가 죽은 나막신쟁이의 애틋한 이야기가 서려 있다.

 옛날에 옥봉동 말티고개 언덕바지에 마음은 착하고 사람됨이 유순한 나막신쟁이가 살고 있었다.
 나막신이란 나무를 깎아 만든 밑이 높은 나무신을 말하는데, 옛날에는 이것을 비가 올 때나 눈이 올 때 장화처럼 신었다. 나막신쟁이는 살림이 구차하고 식구는 많아 생활하기가 매우 어려웠다. 부지런한 사람에게는 가난도 못 따라 온다는 속담이 있긴 하지만 못 사는 사람이 한밑천 모아서 잘 살기는 예나 지금이나 마찬가지로 어려운 일이었다.
 나막신이 잘 팔리는 여름도 가고 눈이 오는 겨울철도 다 지나 입춘이 오려 하는데 나막신은 팔리지 않으니 하루 세끼가 아니라 한끼의 밥도 큰 걱정이었다. 나막신쟁이는 장날이라 하나 별 신통한 수도 없어 돈 못 번 빈손으로 탈래탈래 집으로 돌아오는 길이었다.
 그때 마침 진주성 안에 사는 부자가 어떻게 잘못되어 관가에서 곤장 서른 대를 맞게 되었는데 대신 매 맞을 사람을 찾는다는 것이었다. 주막집 앞을 지나가다 우연히 이 말을 듣게 된 나막신쟁이는 귀가 번쩍 하였다.

"봐라, 박 생원, 성내 그 아무그시 부재 안 있나."

"내가 그 있는 줄 안다. 그 뭐하러 묻내?"

"허어, 참. 우째 됀는고 하니 관청에 가 매로 맞게 됐는데 미리 짜 놓았는지 대로 매 맞을 사람이 생겼으믄 대로 가서 매로 맞아도 된다꼬 하더라."

"에이, 이 사람아. 우째 그럴 수가 있나. 대로 매맞을 반핑 아닌 다음에야 뉘가 샀도 안 받고 공짜로 맞내."

"그런기 아이다마. 미리 돈 주고 짰다. 매도 살살 때리고 해서 곤장 서른 대만 대로 맞아 주몬 돈 석냥 준다고 하더라."

이런 수작의 말이 오고 가는 것을 듣고 있던 나막신쟁이는 자기도 모르게 그 사람들한테 달려갔다.

"그기 참말이가? 대로 맞아주몬 돈 석냥 받느나?"

"그래. 돈 줄 사람 아니니 내 모린다. 오늘 지녁까지 관청 사람이 그런 사람을 찾고 있다 카더라."

나막신쟁이는 이 말에 힘을 얻어 성 안에 들어가서 그 부잣집을 찾았다. 아니나 다를까 바로 대신 매맞을 사람을 찾고 있는 중이었다. 나막신쟁이는 자기 몸을 돈 석냥에 팔고 관가에 가서 매를 맞기로 약속했다. 그 집에서는 나막신쟁이의 처지를 생각하여 평소보다 일찍 저녁을 먹여서 관가로 보냈다.

그러나 평소에 제대로 먹지 못한 나막신쟁이가 한끼를 잘 먹었다고 해서 피골이 상접한 야윈 몸이 갑자기 회복될 리가 없었다. 부모와 아내, 그리고 자식을 굶기지 않으려 하는 마음에서 단돈 석냥에 튼튼한 장정도 이기기 어려운 곤장 서른 대를 대신 맞다가 그만 기절하고 말았다.

한참만에 정신을 차린 나막신쟁이는 겨우 몸을 일으켜 집으로 돌아가려고 하였다. 그러나 말티고개로 넘어오는 도중에 허약한 몸으로 매를 맞은 것이 도져서 그만 쓰러지고 말았다. 집에서 애타게 그를 기다리던 가족들은 밤이 되어도 돌아오지 않자 모두 찾으러 나섰다. 하지만 밤길이 어두워 찾지 못하고 집으로 되돌아 왔다.

다음날이 되어서야 찾긴 했지만 나막신쟁이는 이미 싸늘한 시체가 되어 있었다. 꽁꽁 언 손에는 돈 석냥을 꼭 쥐고 있었다.

나막신쟁이가 죽자 이상하리만큼 모진 바람이 불었고 날씨도 유난히 추웠다. 그리고 나막신쟁이가 죽은 그날로부터 꼭 일년이 되면서부터 해마다 거르지 않고 반드시 가장 추운 날이 되돌아 왔다. 언제부터인가 이날을 진주사람들은 나막신쟁이날이라 부르기 시작했다. 바로 음력으로 섣달 스무 이튿날, 한 해 마지막 장날이 그날이다.

말티고개.

김덕령이 진주를 지킨 까닭

　김덕령이 스무 두 살 때의 일이다. 전라도 광주 일대에서는 효자로 소문난 김덕령이지만, 어머니가 중병에 걸려 도저히 살아날 가망이 없어도 어찌할 수가 없었다. 그때 경상도 진양땅 자매실에 명의가 있다는 소문을 들었다. 김덕령은 그 말을 듣자마자 혼자 말을 타고 밤을 새워 삼백리 길을 달려 진양땅 자매실, 지금의 수곡면 자매리 자매 마을에 도착하였다.
　"우리 어무이 좀 구해주소."

월아마을 입구에 있는 김덕령 성터 유허비.

　김덕령은 명의에게 어머니의 병세를 말하고, 살려달라고 간청하였다. 그러나 명의는 안타깝지만 김덕령의 간청을 거절할 도리밖에 없었다.
　"여게서 전라도 광주로 갈라쿠면 닷새나 걸리는데, 당신 집 오매는 내일되면 죽을 병이다. 내가 가몬 무신 도움이 되겠노."
　김덕령은 내일이면 어머니가 죽는다는 말에 목이 메여 눈물을 흘리며 재삼 부탁을 하였다. 김덕령의 지극한 정성에 감동한 명의는 할 수 없이 같이 가겠다고 하고 길을 나섰다.
　김덕령이 명의를 안고 자기 말에 올라 탄 뒤, 나르는 호랑

이처럼 말을 달리니 다음 날 정오에는 광주 무등산에 있는 그의 집에 닿을 수 있었다. 그때까지 어머니는 살아 있었고, 그 명의의 처방으로 중병이 씻은 듯이 나았다고 한다.

그뒤, 임진왜란이 일어나자 김덕령은 어머니에게 명의의 은혜를 갚아야 한다는 말을 남기고 진주로 달려갔다. 그리고 자매실 앞산에 진을 치고 왜구를 무찔러 명의의 은혜를 갚았다.

자매 마을 서쪽 문서골에 당새기 바위가 있는데, 그 명의의 의서(醫書)와 침을 감추어 둔 곳이라 전한다. 그 명의의 이름은 김남(金楠)이라 하기도 하고 유이태라 하기도 한다.

손가락으로 가리키는 바위가 자매마을 문서골에 있는 당새기 바위이다.
ⓒ 안동준, 2003.

그리고 자매 마을 동쪽에는 복지산이 있는데, 임진왜란 당시 김덕령 장군이 쌓은 성터가 현재까지 남아 있다. 이외에 금산면 월아산 장군대에도 목책을 쌓아 진을 친 곳이 있었다고 하나, 지금은 흔적도 없으며, 1978년에 월아 마을 입구에 세운 유허비만 남아 있다.

명의도 못 고친 병을 고친 효자

조선왕조 숙종 때 천재인 유이태라 하는 사람이 있었다. 유이태는 거창군 위천면에서 태어났지만 주로 활동한 무대는 산청군 생초면 신연리였다. 허준의 스승으로 널리 알려진 류의태는 중종 11년(1516) 산청군 신안면 하정리 상정 마을에서 태어났다. 유이태보다 대략 백년 전의 인물이다. 그러나 유이태와 류의태는 경상도식 발음이 비슷하고, 둘 다 명의인데다 옛날에 활동했던 무대도 같은 산청이라서 진주에서는 두 사람의 이야기가 종종 혼동되어 류의태 이야기는 유이태 이야기로, 유이태 이야기는 류의태 이야기로도 전해진다. 다음의 이야기는 신의(神醫) 유이태에 관한 것이다.

유이태에게는 누님이 한 분 있었다. 누님은 시집가서 아들을 낳고 어렵게 살림을 꾸려 갔다. 나이가 들자 중풍이 들고 눈이 멀었으며 꼽추가 되었다. 꼼짝할 수 없는 몸이 되어 방 안에 우두커니 앉아 있는 신세가 되어 버렸다.

누님은 동생이 용한 의원이니까 자기 병을 잘 봐 줄 것이라고 생각하고 날을 잡아 찾아갔다. 생각하면 한 동네 사는 동생이 미리 알아서 찾아오고 해야 될 일인데, 사방에서 많은 사람들이 찾아 오기 때문에 바쁜 모양이라고 여겨 아픈 몸을 이끌고 스스로 먼저 찾아갔던 것이다.

그러나 친정 동생은 힐끗 한번 보더니, 진맥도 해 보지 않고 아무 말 없이 돌부처처럼 앉아 있었다. 아무리 달래고 사정을 해도 고쳐준다는 말조차 하지 않았다.

누님은 마음 속으로, 구차하게 사는 누나가 약값을 대지 못할까 싶어 치료를 안 해 주는 것일까, 아니면 어릴 때 잘 해주지 못한 앙갚음으로 고쳐주지 않는가 하고 별 생각이 다 났다. 그러나 온갖 말을 해도 친정 동생은 아무 말 없이 딴전을 피우고 있었다.

조선 천지에 명의라고 소문난 친정 동생이건만, 다른 사람이 아닌 피붙이인 제 누나 하나를 돌보지 않자, 그만 누님은 악에 받쳤다.

"야, 이 인정없는 독한 놈아!"

욕을 하고, 아들 등에 업혀서 다시 자기 집으로 돌아갔다. 집에 돌아와 앉아 있으니 부화가 치밀어 중풍이 아니라도 곧 숨이 넘어가 죽을 것만 같았다.

그런데 누님의 아들은 효자였다. 외숙부에게 버림을 받은 어머니를 지게에다가 지고 집을 나섰다. 달리 가볼 만한 곳은 없지만 그저 팔도강산을 정처 없이 두루 다녔다. 팔도를 다니면서 좋은 구경도 시켜드리고, 끼니 때가 되면 마을을 찾아가 밥을 얻어 가지고 와 둘이서 먹었다.

하루는 삼복 더위에 고개를 넘어 가려고 하는데, 등에 업힌 어머니가 목이 마르다고 보채었다.

"물이 묵고 싶다. 물 좀 도라."

힘든 고갯길을 간신히 올라온 아들은 말없이 지게를 받쳐놓고, 어디 샘이 없는가 하고 물을 찾아 돌아다녔다. 사방을 둘러보았으나 고개 마루에 물이 있을 리가 없었다. 그래도 포기하지 않고 근처 숲 그늘 사이를 살피다가 이끼가 낀 바가지에 물이 고여 있는 것을 발견하였다. 얼른 주워서 보니 물이 있기는 있는데 바가지는 해골바가지였고, 그 속에 지렁이가 빠져 죽어 있었다. 하지만 달리 물을 찾을 도리가 없어서 아들은 입술만 적시게 할 요량으로 그 물을 갖다 드렸다.

생초면 신연리에 있는 유이태 출생지.

눈이 먼 어머니는 아무것도 모르고 조금만 마시라고 해도 듣지 않고 해골바가지 물을 훌쩍 다 마셔버렸다. 그리고 난 뒤 피곤하여 고개 마루 그늘 밑에서 잠깐 쉰다는 것이 어느새 두 사람 모두 잠이 들었다. 아들의 잠결에 누가 흔들어 깨우면서 외치는 소리가 들렸다.

"보래, 눈이 떠졌다. 눈이 떠졌다 안 쿠나!"

아들이 일어나 보니 어머니가 내 눈이 밝아졌다면서 좋아하는 모습이 보였다. 하도 놀랍고 반가워서 산길을 정신없이 내려가는데, 어느 마을을 지나게 될 무렵에는 벌써 땅거미가 지고 있었다. 이미 저녁 때가 지나서 동네에 들어가 밥을 얻어오기도 힘들게 되었다.

배고픔을 참고 두 사람이 마을 뒷산을 지나가는데, 오동나무 밑에 난 데 없는 암탉 한 마리가 눈에 들어왔다. 임자 없는 닭이 죽어 있었던 것이다. 허기진 아들은 그 닭을 주어다가 챙겨 다니던 작은 솥에 잘 삶았다. 그리고는 손으로 살점을 조금씩 찢어 어머니께 먹여드렸다. 죽은 닭고기를 먹은 지 얼마 되지 않을 때였다.

"야야, 다리가 펴이네."

어머니가 밝은 목소리로 말했다. 이상하게도 병이 다 나아서 몸이 본래 모습으로 돌아왔고, 걸음까지 걸을 수 있게 되었던 것이다. 그래서 유이태 누님은 영문도 모르게 눈도 뜨고 중풍도 고쳐서 고향집으로 돌아왔다. 그러나 누님은 그동안 친정 동생에게 쌓인 한을 생각하니 분함을 참을 수 없었다. 화가 나서 당장 유이태를 찾아갔다.

"네 이놈, 이태야!"

마구 야단을 쳤다. 고향을 떠날 때는 지게에 업혀서 갔다만 돌아 올 때는 사지가 풀려서 제발로 걸어 왔다면서 친정 동생을 야단쳤다.

"니가 내 병 안 낫아 주도 내가 다 낫았다. 네까짓 놈이 의원가! 잘하는 지, 내가 얼마나 잘하는 지 볼끼다!"

유이태는 백 번 절을 하면서 좋은 말로 달래기 바빴다. 그런데 아무리 생각해도 나을 수 있는 병이 아니었다. 누님을 달래는 한편 생질에게 고개를 돌려 물어 보았다.

"오데서 무슨 약을 묵었내?"

"오데오데 마을로 지내 뒷산으로 가는데, 오동나무 밑에 닭이 한 마리 있어서, 죽은 기 있어서 삶아 묵었는데, 그거 묵고는 낫데요."

"또 머로 묵었내?"

신안면 상정마을에 있는 류의태 출생지.

진주 옛이야기 87

"해골 물인데……"
조카는 그 동안의 이야기를 들려주었다.
유이태는 말없이 고개를 끄덕이더니 나중에 한마디 하였다.
"니가 소자(孝子)다."

유이태 누나의 병에는, 천년 묵은 해골에 용이 잠긴 물을 마시고, 한 해에 세 차례나 알을 낳아 병아리를 깐 암탉이 오동나무 밑에서 죽어야 약이 되는데, 그런 물과 닭을 구하기는 하늘에 있는 별을 따는 것보다 어려운 일이었다. 유이태가 조카의 말을 듣고 보니, 해골바가지에 담긴 것은 예사 지렁이지만 지렁이를 한의학에서는 토룡(土龍)이라 부르는만큼 용이 틀림없고, 오동나무 밑에 죽은 암탉도 누나의 병이 나은 것을 보니 세 번 병아리를 깐 닭이 분명하였다.
세상에 알려지기로는 유 의원이 침만 한 대 딱 놓으면 사람을 죽이고 살릴 수 있는 용한 사람이라고 하지만, 정작 하나밖에 없는 자기 누님의 병은 고치지 못했다. 아무리 좋은 약이 있다 한들, 못 구하는 약이기에 말하지 않았던 것이다. 몰래 무덤을 파헤치면 해골을 구해 올 수 있지만 용이 잠긴 천년 묵은 물은 어디 가서 구하며, 집집마다 닭은 있지만 한 해에 세 번 병아리를 까고, 하필이면 오동나무 밑에서 죽은 닭은 또 어디서 구할 것인가. 아무리 생각해도 인간의 힘으로는 구해올 재간이 없었다. 효자인 생질의 정성이 하늘에 사무쳐 누님의 병이 나은 것이었다.

산청에서 전하는 이와 비슷한 이야기에 따르면, 그 효자는 유이태의 생질이 아니라 유이태의 배다른 동생이라고 한다.

오늘날 상정 마을 뒷편 산기슭에 오랜 옛날부터 약수로 전해지는 샘터가 있으며, 류의태 선생이 사용하던 약탕기와 바가지가 마을 앞에 묻혀 있다고 전하나 현재 그 정확한 위치는 알 수가 없다. 또한 산청군 금서면 화계리에 구형왕릉이 있고, 왕릉에서 옆길로 조금 올라가면 옛 수정궁 터가 있다. 이 궁터 앞 소나무 숲길을 따라 망경대에 못 미쳐 계곡 쪽으로 약간 들어가면 돌무더기를 쌓아둔 약수터에 이른다. 조선조 명의 류의태가 이 물을 약으로 썼다 하여 류의태 약물샘이라 이른다.

류의태 약물샘.

춤추는 허수아비

문산읍 이곡리 어수 마을 앞에 귀봉산이 있고, 그 산에 조판서의 무덤이 있다. 이 무덤에 얽힌 이야기이다.

옛날에 판서 벼슬을 한 조씨가 있었다. 하루는 사랑채에서 낮잠을 자고 있는데, 어떤 늙은 스님이 찾아 와 시주를 받으려고 염불을 하였다. 한참 단잠에 들어 있던 조판서는 이 소리에 그만 잠이 달아나 버렸다.
"그 중놈을 때려 쫓아 뻐라!"
조판서는 하인을 불러 그 동냥중을 당장 내쫓으라고 호령하였다. 늙은 스님은 힘센 하인에게 멱살이 잡혀 대문 밖으로 개처럼 끌려나갔다. 그러나 쫓겨난 스님은 다시 들어 와 또 염불을 하였다. 조판서는 화가 머리 끝까지 치밀었다.
"그 중놈을 붙들어 죽도록 패라!"
시주를 받으러 왔다가 죽도록 매를 맞은 늙은 스님은 겨우 몸을 추슬러 마을을 떠났다.
그 뒤 조판서가 죽었다는 소문을 듣고 늙은 스님이 마을로 다시 찾아왔다. 귀봉산에 올라와서 보니, 조판서가 묻힌 자리가 더할 나위 없는 명당이었다. 호수를 가운데 두고 있는 묏자리가 지네혈인데, 건너편 소음 마을 쪽 산이 닭혈이고, 그 오른편 동물마을 쪽에 있는 산이 삵갱이혈이었다. 그런데 그 중간에 넓은 호수가 걸림돌처럼 가운데 놓여서 닭이 지네를 잡아먹을 수 없고, 닭이 움직이지 않으니 삵갱이가 닭을 잡아먹을 수 없도록 절묘한 균형을 이룬 천하의 명당 자리였다. 그러나 늙은 스님은 조판서에게 당한 수모를 끝내 잊지 못하였다.

어느 날 큰 호수 한가운데 허수아비가 서 있었다. 누군가 돌을 던지기만 하면 춤을 추는 신기한 허수아비를 그 스님이 세워 놓은 것이었다.

갑자기 이상한 허수아비가 호수 가운데 서 있자, 지나가는 길손들이 허수아비가 춤추는 모습을 보기 위해 돌을 집어던지기 시작하였으며, 동네 아이들도 몰려나와 너도나도 호수에 돌을 던졌다.

처음에는 물 속에 그냥 퐁당 빠져버리던 돌이 세월이 지나면서 점점 쌓여 퐁당하고 빠지는 소리도 나지 않게 되었고, 넓은 호수는 사람들이 던진 돌로 차츰 메워져 갔다.

넓은 호수가 마침내 다 메워져 평지처럼 되자 천하의 명당 자리도 그 힘을 잃었다. 닭혈의 닭이 지네를 잡아먹게 되고 닭이 움직이니 삵갱이가 날뛰는 형국으로 바뀌었던 것이다.

그뒤로 조판서의 가문은 더 이상 번창하지 못하고 완전히 몰락하게 되었다. 죽도록 매를 맞았던 그 스님이 원한을 풀기 위해 명당을 망쳐 놓는 교묘한 방법을 찾아내어 마침내 지세의 균형을 유지하던 넓은 호수를 메웠던 탓이었다.

조판서의 무덤 옆에는 향계라 불리우는 처녀 노비의 무덤이 있다. 이 무덤은 순장묘라고 전해진다. 생매장된 향계의 어머니가 감히 상전의 무덤 옆에 가서 울지 못하고 들판 가운데 있는 숲 옆에서 불쌍한 딸의 무덤을 바라보며 애절하게

어수마을 귀봉산에 있는 조판서무덤.

울부짖었다고 하여 그 숲을 향계숲이라 한다.

또 쑥밭들에는 논밭을 갈면 쇳물이 많이 뜨는 것을 볼 수 있는데, 이는 조판서의 사위가 구리로 만든 비(碑)를 배로 싣고 오다가 호수에 빠뜨려 산화되어 쇳물이 되었다고 한다.

그리고 학질을 앓는 환자가 조판서 무덤 옆에서 잠을 자면 꿈에 조판서가 나타나 자기의 묘자리를 침범하였다고 호되게 꾸짖으며, 그 서슬에 놀라 잠을 깨면 학질이 말끔히 나았다는 이야기도 전해진다.

개구리바위와 용설터

진주에서 마동(馬洞)으로 가는 길에서 덕천강 하류 쪽으로 나가 귀곡동 마을 뒷편으로 가면 개구리 모양을 한 큰 바위돌이 있었다. 그곳 사람들은 '깨골바구' 또는 개구리 바위라 부르고 있었는데, 지금은 남강댐 보강 공사로 물 속에 잠겨 보이지 않는다. 개구리 바위 맞은편에는 마치 한 마리 용이 꿈틀거리며 누워 있는 듯한 작은 산이 있다. 이 산의 생김새가 용이 꿈틀거리고 누워 있는 것처럼 보여 옛부터 용설(龍穴)터라 한다.

옛날에 한 스님이 마동을 한바퀴 돌며 시주를 받고 있었다. 어느덧 동네에서 제일 가는 부잣집 차례가 되어 그 집 문앞에서 목탁을 두드렸다.

그 집에는 바깥 주인은 출타 중이었고 안주인만 있었다. 안주인이 밖에서 목탁을 두드리는 소리를 듣고 나가보니 차림새가 남루하고 볼품 없는 스님이 시주를 청하였다. 안주인은 버럭 소리를 질렀다.

"줄끼 엄따."

스님은 그래도 가지 않고 계속 시주하기를 청하였다.

"그러지 마시고 아무꺼나 주이소."

"에라, 중넘아. 이거나 받아 묵어라."

안주인은 쇠똥 한 바가지를 떠 주었다. 스님이 쇠똥 한 바가지를 얻어 돌아서려는데, 마침 바깥 주인이 들어오면서 이 광경을 보게 되었다. 바깥 주인은 부인의 잘못을 정중히 사과하고 흰 쌀 한 말을 시주하였다.

시주를 받으며 스님은 주인의 안색을 가만히 살펴보더니 물었다.

"무신 근심 걱정이 있십니꺼?"

바깥 주인은 한참 뜸을 들이다가 말했다.

"사실은 부친이 시방 누버 게시는데 시상 베리기 전에 묏자리로 못 잡아 걱정이요."

그러자 스님이 손으로 앞산을 가리키며 말했다.

"저 건네 산이 비구름을 머금은 용의 형상이니 그 자리가 명당 자리요. 그런데 집안이 흥하고 자손도 번창할 자리이긴 하지만서도 조심할 게 있는데, 뫼를 쓴 뒤 묏자리 아래에 목을 감아서는 절대로 안되요. 나무관셈보살."

명당 아래에서 어떠한 일이 있어도 몸을 씻지 말기를 재삼 당부하고 스님은 떠나가 버렸다. 얼마 안되어 부잣집 주인의 아버지가 세상을 떠나자 집주인은 스님이 일러준 곳에 뫼를 파니 과연 명당 자리였다.

그런데 장례를 치른 뒤 안주인이 더위를 참지 못하고 강으로 내려 가 몸을 씻고 말았다. 그 순간 부인은 그 자리에 큰 돌로 변하고, 하늘에는 먹구름이 몰려오더니 삽시간에 콩알만한 빗방울이 쏟아졌다.

그 뒤부터 그 집안은 여자를 얻으면 심성이 사나운 악녀가 되거나 미친 사람이 되었다. 집안 살림이 기울자 주인은 소문난 지관(地官)을 불러 묏자리를 다시 보였다. 지관은 그 터를 둘러보며 아깝다는 듯이 말했다.

"묏자리는 참 조쿠만 강 한가운데 있는 깨고리가 죽은 용의 허리에 파리떼 엉긴 것처럼 알을 까놓은 형국이오."

이런 사연으로 오늘날까지 개구리바위 근처에서 먹을 감으면 반드시 죽는다고 하는 말이 전하고 있다. 용혈터에 산죽(山竹)이 나도 난리가 일어난다고 한다. 육이오 때 그곳에 산죽이 돋아나자 곧바로 전쟁이 터졌다고 한다.

남강댐 보강공사로 물에 잠긴 깨골바위 (사진의 왼쪽 검은 부분).

울고 있는 돌

고려 공민왕 시절 원나라로부터 여진(女眞)이 침략하려 한다는 정보를 접하고 각 군읍에다 성지 수축의 명령을 내렸을 때의 일이다. 그 즈음 흙을 쌓아 만든 진주성이 여러 차례 왜구의 침입을 받고 많은 피해를 입었던 터라 조정에서도 아예 이를 튼튼한 돌로 개축하려고 하였고, 진주성 백성들도 자진하여 진주성을 새로 쌓자고 발벗고 나섰다. 인근 백성들까지 동원되어 돌을 나르는 등 전쟁을 치르다시피 하여 성을 개축하기 시작했고, 산중의 스님들까지 참가하여 드디어 역사(役事)를 마쳤다.

어느 날 축성에 참여했던 한 스님이 명석 광제산 광제암(廣濟庵)으로 돌아가려고 동전(東田) 부락을 지나다가, 산 위에서 빠르게 굴러오는 바위돌 두 개를 만났다. 그 스님은 진주에 갔다가 올라 오고, 돌은 산에서 내려 가는 길이었다.

"오데 가내?"

스님이 묻자 두 돌이 바삐 가다가 뒤돌아다 보며 말했다.

"우리 진주성 쌓는데, 한 몫 하겠다고 간다."

진주성 수축의 일로 백성들의 어려움이 이만 저만 아닌데 스스로 굴러가서 성돌이 되겠다는 것이었다. 스님은 돌의 말이 기특하여 진주성을 쌓는 일이 끝났다고 일러주었다.

"우짜꼬, 성은 벌써 다 쌓았다 쿠더라."

이 말을 들은 두 돌은 그만 그 자리에 주저 앉아 펑펑 울었다. 스님은 무지한 돌덩이조차 나라를 위해서 자신의 구실을 하겠다고 울며 나서는 모습을 보고는 감동하여 그 바위돌에게 아홉 번 큰 절을 올렸다.

진주시 명석면의 이름을 '운돌', 곧 명석(鳴石)이라 한 이유는 이러한 이야기에서 유래된다. 그리고 명석면 신기리 동전 부락은 옛날에 광제암의 스님들이 재를 넘나들며 동쪽 밭에 농사를 지었다 하여 붙여진 이름이다.

명석면 명석각.

또 이 마을의 동북쪽에는 스님이 운돌을 보고 아홉 번 절을 하였다는 구배골(九拜谷)이 있다. 한 쌍의 운돌은 골짜기 입구에서 서로 마주 보고 서 있었다고 한다. 옛날부터 이 한 쌍의 바위돌은 남녀의 상징처럼 생겼다고 해서 암돌과 숫돌이라 부르기도 하고, 달리 '자웅석(雌雄石)'이라 일컫기도 한다.

언제부터인지는 모르지만 마을 사람들은 돌까지 나라의 일을 걱정하니 방치할 수 없다고 하여 명석각(鳴石閣)을 지어 돌을 모셔놓고 해마다 삼월 삼짇날이 돌아오면 제사를 올리고 있다. 그래서인지 지금도 나라에 큰 일이 생기면 이 돌이 우는 소리가 들린다고 이곳 마을 사람들은 말한다.

마고할미 물렛돌

금곡면 두문리 석계 마을에 진양군과 사천군 사이의 경계를 표시하는 돌이 있다. 돌로써 경계를 표시하였다고 하여 이 마을을 '돌꽂이' 또는 '돌곶이'라 부르기도 하고, 돌이 장승처럼 서 있다고 '돌장싱'이라고도 한다. 이 돌장승에 천태산 마고할미의 전설이 전해진다.

마고할미 물렛돌.

아주 오랜 옛날에 힘이 장사인 천태산 마고할미가 살고 있었다. 하루는 옷을 만들기 위해 솜을 자아 실을 뽑으려고 물레를 돌렸는데, 팔 힘이 좋다보니 자꾸 물레가 흔들렸다.

"무신 물레가 이리 심이 없내?"

자기의 팔 힘이 센 줄은 탓하지 않고 애꿎은 물레만 탓하였다. 그렇다고 살살 돌리자니 일이 더딜 것 같아 고민하다가 물레를 눌러 놓을 돌을 구해 보기로 하였다. 그런데 주변에서는 마땅한 돌이 없어 멀리 동해로 나갔다.

바닷가에서 마침 물렛돌을 할 만한 돌을 세 개 찾아내었다. 그 가운데 하나는 머리에 이고, 다른 길쭉한 돌은 지팡이로 삼고, 마지막 하나는 치마폭에 싸서 가져왔다. 그런데 지금의 사천만 쪽으로 오다가 보니 머리에 인 돌과 지팡이로 짚고 오던 돌이 너무 작아 보였다.

"쪼깬 이거로 오데에 쓰겄노."

작은 돌 두 개는 도중에 내버리고, 치마에 싸서 오던 큰 돌 하나만 두문리까지 가지고 왔다.

마고할미가 동해에서 주워 오다가 버린 작은 돌들은 현재 사천읍 구암리 구암 마을 앞에 있고, 끝까지 가지고 온 큰 돌이 바로 돌곶이 고개에 꽂힌 바위이다. 두문리 사람들은 이 바위를 '마고할미 물렛돌'이라고 부른다.

이 바위는 진주와 사천의 경계를 표시하는 돌로 알려져 있는데, 1957년에 사천 공군부대에서 뽑아 가버렸던 것을 마을 사람들이 다시 찾아 제자리에 갖다 놓게 하였다. 전하는 말에 따르면, 마고할미는 영원히 죽지 않는 신선으로 동해 바닷물이 세 차례나 뽕나무 밭으로 변하는 것을 보았다고 한다.

신선바위와 애기당골

대곡면 가정리 가정 마을 뒷편에 매봉산이 있으며, 산마루에 신선이 놀았다는 바위가 있다. 이 바위에 얽힌 이야기이다.

오랜 옛날 대곡면 어느 마을에 일흔이 넘은 백발 노인이 어린 손자를 데리고 살았다. 노인은 아들과 며느리가 있었지만 약초를 캐러 깊은 산에 들어갔다가 그 길로 영영 돌아오지 않아 손자와 같이 살고 있었다. 나이가 많은 노인은 죽기 전에 어린 손자를 위해 땔감이나마 많이 장만해 놓아야겠다는 생각에서 열심히 나무를 해서 집안에 쌓아 두었다.

그날도 노인이 나무를 하러 산으로 올라갔다. 절벽이 병풍처럼 둘러싼 깊은 산중에서 한창 나무를 하고 있는데, 어디선가 두런두런 사람 소리가 들렸다.

이상하다 싶어서 귀를 기울이고 들어보니 산마루에서 무언가 주고 받는 말소리가 들렸다. 사람의 목소리인 것은 분명한데 이런 깊은 산중에 외지 사람이 올 까닭이 없다 생각하고 소리가 들리는 곳으로 다가갔다.

노인이 가까이 가서 보니 큰 바위에 수염이 긴 두 노인이 앉아서 장기를 두고 있었다. 두 사람 모두 허연 수염이 무릎 아래까지 내려온 것을 보니 예사 사람이 아니었.

"한라산 신령님, 이제 손드시지요."

"어허, 지리산 신령님 조금 기다리시오."

"그래도 외통수인 것 같소이다."

"허허, 그럼 졌다고 해두지요."

주고 받는 말로 미루어 두 노인은 지리산과 한라산 신령인 것이 분명하였다. 장기 두기를 마친 두 산신령은 이야기를 계속하였다.

"지리산 신령님께서는 저보다 훨씬 더 정정하신 것 같소이다. 기운을 돋우는 무시를 먹었기에 망정이지 그렇지 않았다면 여기까지도 못 올 뻔하였소이다."

한라산 산신령이 말했다.

"그래, 몇 뿌리나 드셨소?"

지리산 산신령이 물었다.

"한라산을 떠날 때 다섯 뿌리를 가져 왔는데, 하나는 전라도에서, 또 하나는 이곳 경상도에서 먹었소이다. 이제 세 뿌리가 남았는데 나머지는 여따다가 심구고 금강산에 갔다가 돌아오는 길에 캐 갈까 하오이다."

말을 마친 한라산 신령이 가지고 있던 무우를 땅에다 심고는 지리산 신령과 함께 바람을 타고 사라졌다. 두 산신령이 사라지자 노인은 옳다 하고 그 무우를 곧바로 캐어내어 먹었다. 이상하게도 그 무우를 먹자, 갑자기 노인의 몸에서 훈훈한 열기가 돌고 힘이 솟구쳤다.

"거 참 이상타. 무시는 무신데 영약(靈藥)인 갑다."

노인이 도끼를 들어 나무를 찍어보니 아름드리 나무가 맥없이 베어졌다.

"내가 그듬시 장사가 됐나?"

노인은 고개를 갸우뚱거리며 나무 한짐을 잔뜩 해서 지고 마을로 내려왔다. 나무짐을 지고 가던 노인은 도중에 마을 친구를 만나게 되었다.

"아니, 여보게. 이기 대체 우짠 일이고? 동삼을 삶아 묵었나, 와 이리 젊게 보이내?"

노인은 친구에게 자초지종을 이야기했다. 친구는 그 길로 산신령이 놀던 곳으로 달려갔다. 거기서 자기도 무우를 하나 뽑아먹었다. 금방 몇 십년씩이나 젊어진 것 같았다.

"하아, 이기 꿈인가 생신가? 내가 와이리 각중에 젊끼 됐내."

더욱 젊어지고 싶은 욕심에 눈이 먼 노인 친구는 남은 무우 하나마저 먹어치웠다. 그랬더니 그만 갓난아기가 되고 말았다. 아기가 된 친구는 울면서 엉금엉금 기어서 산을 내려왔다. 그러나 산을 잘못 타고 기어내려 오다가 벼랑에 떨어져 죽고 말았다. 그뒤 아기가 떨어져 죽은 절벽에 바람이 불 때마다 아기 울음소리가 들렸다고 한다.

동삼(童參)을 훔쳐 먹고 죽은 장소로 알려진 애기당골은 가정 마을 왼편에 있었는데, 몇 년 전에 도로공사를 하면서 산을 깎아 예전의 모습을 찾아볼 길이 없다. 그러나 두 산신령이 앉아 장기를 두며 놀았다는 바위는 지금도 신선암이라 부른다.

가마못 이무기

비봉산 서북쪽 대룡골 동편 능선을 지나 집현면으로 넘어가는 고개가 못재이다. 못재 못미쳐 분지처럼 생긴 곳에 가마못 터가 있다. 지금의 봉원중학교 근처이다. 진주에서는 이 못을 '가마못' 또는 '가매못'이라고 불렀다. 생긴 모양이 가마솥 같지도 않고 또 더운 물이 나오는 온천도 아닌데 가마못이라 불리우게 된 것은 무학대사가 진주의 지맥을 누르기 위해 그렇게 부른 데서 유래했다는 말이 전한다.

가마못은 옛날부터 자연적으로 생긴 못인데 사시사철 낚시꾼으로 붐볐고 유난히도 말밤(마름)이 많이 났다. 그리고 아무리 물을 퍼 내어도 마르지 않아 농사철이 되면 물을 빼내어 농사를 지었다. 지금은 못의 언저리조차 거의 찾아볼 수 없지만, 옛날에는 이 못에 용이 살고 있었다고 하여 못 속에 들어가기를 누구나 꺼려하였다.

한번은 이 가마못에 비가 많이 오면서 안개가 자욱하게 끼였다. 이때 가마못에 살던 이무기가 용이 되어 올라가려고 하였다. 그런데 마침 한 여자아이가 쑥 나와 이 장면을 보고 소리를 질렀다.

"아, 저 용 봐라."

이 소리에 그만 이무기는 용이 되어 하늘로 올라가지 못하고 다시 못물 속에 잠기었다.

용이 못된 이무기가 심술이 잔뜩 나서 꼬리로 못둑을 때리는 바람에 그만 둑이 터져버렸다. 못물이 순식간에 쫙 빠져버리자 동네 사람들이 지게로 흙을 져날라다 못둑을 다시 쌓았다고 한다.

가마못 이무기가 등천한 데 대한 다른 이야기도 있다.
예전에 진주의 한 영감이 이 가마못에서 낚시를 하여 담배값 정도를 벌어 살고 있었다. 밥만 먹으면 가마못에 가서 앉아 있었으며, 특히 낚시를 할 여름철이 되면 그곳에 살다시피 했다.
하루는 낚시를 하여도 그 날따라 물고기가 한 마리도 안 잡혔다. 웬지 정신이 아득하고 낚시하는 일이 손에 잡히지 않았다. 그래서 담배를 한 대 피우고 앉아 있자니까, 담배 연기가 요리조리 살살 날아서 못 안쪽으로 가고 있었다. 정신이 아득하여 앉아서 가만히 담배 연기를 쳐다보고 있노라니, 이상하게 저쪽에서도 연기가 몰려왔다가는 담배 연기와 마주치다가 어느 한곳에 가서는 사라지곤 하였다. 그것 참 이상하다 싶어서 자꾸 담배를 피우니까, 이상한 연기는 자꾸 저쪽에서 이리 오고 이쪽 담배 연기는 저리 가서 한곳에서 이리저리 마주치고 있었다.
한참 동안 그러더니 갑자기 짚단만한 이무기가 가마못 안쪽에서 나타났다. 그 이무기는 영감의 담배 연기가 독연기인 줄로 알고, 자기도 못 안에서 독연기를 마주 품어내다가 끝내 담배 연기를 물리칠 수 없자 튀어나온 것이었다.
큰 이무기를 본 영감은 놀라서 낚싯대를 내던지고 정신없이 달아났다. 그는 너무도 혼줄이 나서 봉곡동 타작 마당까지 냅다 달렸다. 뒤에서는 큰 이무기 한 마리가 꿈틀거리면서 빠르게 따라오고 있었다. 그날따라 동네 사람들이 타작 마당에서 보리타작을 한창 하고 있었다.

화가 잔뜩 난 이무기도 영감을 따라오다가 타작 마당에 들어서고 말았다. 불행중 다행으로 타작마당에 제 발로 들어선 것이다. 그러자 주위 사람들이 벌떼같이 달려들어 손에 쥔 도리깨로 큰 구렁이를 보리타작하듯이 두둘겨 팼다. 모두들 겁에 질려 한참 패 다보니 이무기가 그만 죽어버렸다.

이무기가 피를 흘리고 죽어버렸으니, 타작 마당 안에서는 보리타작을 계속할 수가 없었다. 그렇다고 그 큰 구렁이를 누가 달려들어 치우지도 못하였다. 할 수 없이 타작 마당에다가 보릿대를 쌓아 불을 질러 이무기를 태워 버렸다.

보리타작하듯이 이무기를 때려잡은 사람들은 그날 밤에 전부 한 가지

가마못 옛 모습(위), 가마못에 자생했던 '말밤' (아래).

꿈을 꾸었다.
"느그가 날로 저승을 보내 황천 귀경시켜 줘 고맙다."
도리깨에 맞아 죽은 이무기가 나타나 고맙다는 인사를 하는 것이었다. 예전부터 오래 묵은 짐승을 죽이는 것은 그 짐승이 지은 죄업을 벗게 도와준다는 말이 전해온다.

매구가 된 여자

진주 사람들은 예쁘고 하는 짓이 밉지 않은, 깜찍하고 영악한 여자아이를 부를 때 '매구'라고 한다. 그러나 매구는 본래 천년 묵은 여우가 변해서 된 짐승을 이른다. 다음은 옥봉동에서 전해오는 이야기이다.

서울에서 내려온 사또가 밤길에 순행하면서 선학재를 지나 톱골 골짜기로 내려가는데, 짚으로 덮어놓은 시체 위에 하얀 옷을 입은 여자가 어른거렸다.
"이기 사람가? 뭐꼬? 와 이라내?"
사또가 무어라고 하자, 시체에 코를 박고 피를 빨던 여자가 갑자기 획 돌아서서 사정없이 얼굴에다 피를 확 내뿜었다.
"이 놈이, 와 안 가고 지랄하노?"
사또는 기가 찼다.
"예이년, 미친 년, 뭐 우째?"
"이 놈이 맛을 못 봤나?"
여자가 말을 마치자마자 사또에게 펄쩍 뛰어 와 덮쳤다. 그 순간 사또는 옷고름에 찬 칼을 빼어 그 여자를 내리쳤다. 그러자 귀 한쪽이 땅에 떨어졌고, 그 여자의 모습은 이내 사라졌다. 사또는 잘라진 귀를 주어서 관청으로 돌아왔다. 그리고 날이 새기를 기다려 옥봉동에 나졸들을 풀어 범인을 잡게 하였다.

"옥봉 동네에 가 아픈 척하는 사람이 있거든 하나도 남구지 말고 다 잡아딜이라."

사또의 명령을 받은 나졸들이 옥봉 동네로 범인을 찾으러 돌아다니고 있는데, 한 골목에서 조그마한 여자아이 하나가 톡 튀어 나왔다.

나졸들이 물었다.

"느그 집에 아픈 사람 있나?"

"우리 집에 아픈 사람 있소."

"누가 아프내?"

"애씨가 아파서 지금 누우 가 있소."

과연 그 집에 들어가 보니 젊은 여자가 귀 한쪽이 잘린 채 피투성이가 되어 누워 있었다. 그래서 이유를 불문하고 관아로 잡아 와서 족쳤다.

사연을 들어보니, 그 여자는 낮에는 멀쩡한 사람이 되었다가 한밤중 자시(子時)가 되면 둔갑을 하여 시체 옷을 벗겨다가 장독에다 넣어 놓곤 하며, 다음날이 되면 제 정신이 돌아오지만 전날 밤에 자신이 무슨 짓을 했는지 통 모르고, 또 저녁이 되면 같은 짓을 되풀이한다고 한다.

날마다 죽은 사람의 옷을 벗겨다 장독에 넣어 두곤 하니 여자의 옷에서는 늘 시체를 감쌌던 옷 냄새가 배여 같이 사는 남편이 이를 이상하게 여겼다.

하루 저녁에는 그 여자의 남편이 잠을 자는 척하고 보니까 한밤중 자시가 되자 누웠던 아내가 부시시 일어나 방문을 열고 마당으로 내려서더니 서너 바퀴 공중제비를 도는 것이었다. 그때 치마 밑에서 여우꼬리가 튀어나오는 것이 보였다.

천년 묵은 여우로 둔갑한 것이었다. 그리고 어디론지 가서 또 시체를 감싼 옷을 벗겨들고 집으로 들어왔다. 이를 본 남편은 집안이 망하게 되었다고 걱정이 태산 같았다.

사람은 사람인데 밤만 되면 여우에게 홀려 죽은 사람의 옷을 벗겨오는 미친 사람이라서 사또 역시 살리지도 못하고 죽이지도 못하였다.

그러던 어느 날, 남편이 또 아내가 밤중에 나가는 것을 가만히 지켜보고 있는데, 난데없이 아내의 콧구멍에서 쥐 세 마리가 차례로 나오는 것이 보였다. 뒤에 나온 놈이 쫄쫄 앞으로 나가서 먼저 나온 쥐를 인도하였다. 그러한 광경을 지켜본 남편은 베고 있던 목침으로 그 쥐를 탁 때려서 잡았다.

쥐를 죽이고 나서 아내는 해만 지면 방안에 들어앉은 채 사립문 밖을 나가지 않았고, 병도 자연히 나아 잘 살았다고 한다.

진주 자리꼼쟁이

자리꼼쟁이, 또는 '꼽냉이'라는 말은 지독한 구두쇠를 이르는 진주 말이다. 한 진주 꼼쟁이가 살림을 모으면서 고기를 사 먹지 않았다.

장에 가서 고기를 사오더라도 천장에 한 마리 매달아 놓고 그놈을 쳐다보고 밥 한술을 먹고, 또 그놈을 쳐다보고 밥 한술을 떠서 입에 넣었다. 모든 가족들이 빙둘러 앉아서 천장에 매달린 고기를 쳐다보면서 밥을 먹었다. 그래서 한 이웃 친구가 한 마디했다.

"와 그리하내?"

"야, 이눔아, 그거로 갖다가 무 뻬몬 없어지지 남을 끼 오딨내? 여러 때도 묵도 몬 하고 식구는 많고. 아, 그 쳐다보면 목구녕에 밥이 안 넘어가나?"

살림을 모은다고 구두쇠 노릇을 하도 악착같이 하니, 이웃사람이 보다못해 영양보충이나 하라고 북어 한 마리를 사다가 그 집 마당에 휘뜩 던져 놓았다. 꼼쟁이가 아침에 마당으로 나오다가 난데없는 고기를 보고 깜짝 놀랐다.

"야! 어느 놈이 이래 큰 괴기를 한 마리 떤지 놨내? 으라, 이 밥 도둑놈아."

꼼쟁이는 가족들이 볼까봐 냉큼 북어를 집어다가 다시 담장 밖으로 휘뜩 내던져 버렸다.

그 뒤 꼼쟁이는 아들 장가를 들이려고 사돈을 정했다. 사돈끼리 서로 만났는데 그 사돈도 꼼쟁이였다. 그날은 날씨가 몹시 더워서 부채가 필요했다.

진주 꼼쟁이는 접는 부채를 턱 내어놓더니 겨우 부채살 두 대만 펼치고 할랑할랑 부쳤다. 꼼쟁이 사돈이 이를 보고 말했다.

"사돈, 부채로 와 한쪽만 페고 부치요?"

"다 페고 부치문 떨어져서 오래 몬 부치요. 한 쪽만 페고 부치문 부채 하나 갖고 여러 해 안 부치요."

"사돈, 넘 숭보요. 그란다꼬 부채가 안 떨어지요? 내사 넘보기도 좋구로 차악 이래 들고 부치지요."

그 사돈은 접는 부채를 착 펼쳐 한 손에 들고서는 거기에 얼굴을 대고 고개만 좌우로 얄랑얄랑 하였다.

이야기가 도둑을 쫓은 이야기

옛날에 어느 나이든 부부가 자식 없이 인적이 드문 산골에 살았다. 밤이 되면 심심하여 견딜 수가 없었다. 하루는 아내가 장롱 안에 감추어둔 무명 베 한 필을 꺼내어 주었다.

"이거로 시장에 가서 팔아 가이고 이박을 사가 오소."

그래서 늙은 남편은 베를 시장에 내다 팔아 돈을 받았다. 그러나 돈을 가지고 이야기를 사야겠는데 어디 가서 사야 할지 도무지 알 수 없었다. 시장을 이리저리 기웃거리다가 시간만 허비하고 집으로 돌아오는 길에 정자나무 그늘에서 젊잖은 노인 한 분이 하릴없이 담배를 빨고 있는 것을 보았다. 남편은 속으로 나이가 많아야 이야기도 많이 가지고 있을 것이라 생각하고 노인에게 다가가 돈을 디밀며 이야기를 팔라고 졸랐다.

"영감님, 이박 하나 파소."

노인은 눈을 끔벅이며 웬 남자인가 얼굴을 빤히 쳐다보았다.

"이박을 대체 얼매로 줄래?"

"돌라 쿠는 대로 주깨요."

그런데 이야기를 팔아야 하는 노인은 별 다른 이야기가 생각나지 않았다. 남자가 빚쟁이처럼 성화를 부리자 무슨 이야기를 할까 하고 고민하고 있는데, 마침 들판에 황새 한 마리가 휭 날아드는 것이 눈에 들었다.

"휭, 날아든다."

이야기를 배우고자 하는 그 남자도 따라서 흉내내었다.

"휭, 날아든다."

황새가 논바닥을 걸어가기 시작하자 노인이 말했다.

"징검징검 걸어 들어온다."

"징검징검 걸어 들어온다."

이야기를 배우는 남자도 따라하였다.

황새가 다시 목을 길게 빼고 두 사람이 있는 쪽을 바라다 보았다. 그러자 노인은 또 말했다.

"지웃이 넘어다 본다."

"지웃이 넘어다 본다."

그 남자도 꼭 그대로 따라하였다.

이번에는 황새가 큰 논고동을 한 마리 쪼아 물고 휭 날아 가자 노인이 또 말했다.

"퍽 찍고 달리네."

"퍽 찍고 달리네."

남편은 베 한 필을 팔아 산 귀한 이 이야기를 잊어 버리지 않기 위해 외우면서 산골 집으로 돌아왔다. 낮에 노인에게 이야기를 배운다고 피곤하여 초저녁에 곧바로 누워 자고, 밤이 이슥한 연후에 자리에서 일어났다. 잠이 깨어 일어나 보니 늙은 아내가 잔뜩 기다리고 있었다.

"오늘 이박을 사가 오라 캤드마는 뭘 사가 왔노?"

당장 사온 이야기를 해 달라고 졸라대었다. 남편은 장에서 오다가 정자나무 밑 노인에게 사온 그 이야기를 해주었다. 그들 내외는 오늘 배운 것을 잊지 않도록 마주 앉아 열심히 복습하였다.

"휭, 날아든다."

남편이 말하니까 늙은 아내도 따라 배운다고 꼭 그와 같이 하였다. 그때 마침 어떤 도둑이 담을 넘어 마당으로 내려서다가 이 말을 듣고 속이 뜨끔하였다. 도둑은 설마 하면서 마당을 가로질러 살금살금 걸어 들어갔다. 아무 것도 모르는 남편이 또 말했다.

"징검징검 걸어 들어온다."

늙은 아내도 신이 나서 따라하였다.

"징검징검 걸어 들어온다."

도둑은 이게 웬 영문인가 하고 슬쩍 집안 사정을 살펴보려고 고개를 내밀었다. 이때 남편이 또 말했다.

"지웃이 넘어다 본다."

아내도 덩달아 따라하였다.

"지웃이 넘어다 본다."

들켰구나 싶어서 다급해진 도둑이 얼른 부엌에 들어가 발로 가마솥을 퍽 차서 떼어 매고 달아나려고 하였다.

그때 남편과 아내의 소리가 크게 들렸다.

"퍽 찍고 달린다."

"퍽 찍고 달린다."

도둑은 오금이 저려 반쯤 떼어 놓은 솥을 내동댕이치고 줄행랑을 치고 말았다.

늙은 부부는 그런 사실도 모르고 밤새도록 이야기를 되풀이 하였다고 한다. 이 이야기는 대곡면에서 전해지고 있다.

도움을 받은 분

손만악 할머니는 1913년에 진주시 정촌에서 태어나 어릴 적에 남강 배다리를 건너다녔다 한다. 지금 상대동에 살고 있는 손 할머니는 1920년대 진주 풍습과 진주말에 대하여 많은 도움말을 주었고, 이 책에 실린 이야기들을 하나하나 검토해 주었다.

대곡면 마호 부락에 살고 있는 이병문 할아버지는 무인(戊寅)생이다. 마호 마을 뒷산에 있는 정두 선생의 바위를 찾는 데 도움을 주었고 바위에 얽힌 이야기를 들려주었다.

수곡면 자매리 자매 마을의 강은석 아저씨는 문서골 당새기 바위를 찾는 데 도움을 주었고, 사진 촬영에 협조하였다.

진주 시내 동성동에서 금호출판사를 운영하는 장추남 할아버지는 용다리의 위치를 정확하게 알려주었다.

산청군 신안면 외고리 방동 위땀에 암자를 지어 살고 있는 최씨 노인은 여우굴에서 찍은 사진의 모델이다. 태식법을 익힌 지리산 도인인데 문가학 이야기를 자세히 들려주었다.

산청군 남사 마을 손성모 할아버지는 유이태를 비롯한 진주 출신 명의(名醫)들의 숨은 이야기를 많이 들려주었다.

만경동 금선암의 스님은 무학대사의 이야기를 알뜰히 챙겨주었고, 대곡면 단목 마을의 노인은 하백립의 숨은 이야기를 들려주고 그의 생가를 찾는 데도 도움을 주었다.

초전동 심재현 할머니는 이 책의 완성에 처음부터 끝까지 많은 관심을 보이며 지혜를 아낌없이 나누어 주었다.

이밖에 한사코 이름을 밝히지 않는 진주 사람들에게 많은 도움을 받았다.

도움을 받은 책

『삼국사기』
『삼국유사』
『조선왕조실록』
『진양지(晉陽誌)』
『한국구비문학대계(진주시・진양군편)』,
　　　　　한국정신문화연구원, 1981.
『진주의 역사와 문화』, 진주문화원, 2001.
『내고장 전통』, 산청군 문화공보실, 1982.
임석재, 『한국구전설화 -경상남도편』, 평민사, 1993.
손성모, 『산청의 명소와 이야기』, 현대문예, 2000.
정우락, 『남명 설화 뜻풀이』, 남명학연구원출판부, 2001.
정정대, 『한방의 뿌리를 찾아』, 산청문화원, 2002.